JN023912

次はこうなる

グラフで読み解く相場の過去、現在、未来

相場研究家
市岡繁男

目　次

謝辞
本書の出版にあたって、20年来、ずっと応援して下さった松原
秀一氏、忙しい中、快く原稿の推敲を引き受けて下さった高橋
岳二氏、山岸徳人氏、そして週刊エコノミスト編集部の皆様に
改めて感謝を申し上げます。

序　章

2000年の株価は4割安と予測、的中

図1：週刊エコノミスト誌に書いた2000年の株価予測

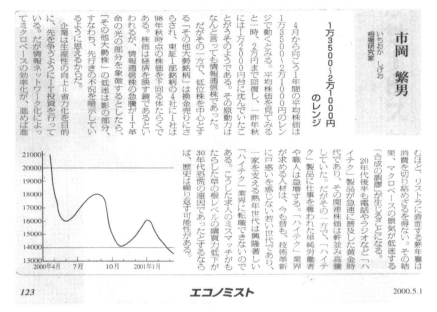

（出所）週刊エコノミスト2000年5月1日　臨時増刊号

　もう20年以上も前の話ですが、私は2000年5月〜向こう1年間の日経平均株価予測を週刊エコノミスト編集部から依頼され、上記のように出稿しました。当時はITバブルの真っ只中であり、株価は96年以来の高値である21000円をつけていました。当時の著名ストラテジスト20人のほとんどが、株価はさらに値上がりすると予測する中、私は4割安という大胆な見通しを提示しました。「IT化の促進で犠牲になる人が多くなる、それは株価バブルに湧いた1920年代後半と同じ構図ではないか」と読んだからです。結果はというと、

高値は21000円、安値は13500円と、山谷を含めほぼ私の予測通りになりました。そんなことは誰も知らないことでしょうが、このような完全試合もあったということを紹介します。

＜週刊エコノミスト2000年5月1日臨時増刊号、「どう動く株価、有力ストラテジストが全予測」＞

4月から向こう1年間の平均株価は13500円〜21000円のレンジで動くとみる。

平均株価を見てみると一時、２万円台まで回復し、一昨年秋には１万２千円台に沈んでいたことが嘘のようである。その原動力は何と言っても情報通信株であった。

だがその一方で、低位株を中心とする「その他大勢銘柄」は換金売りに晒され、東証一部銘柄の４社に１社は98年秋時点の株価を下回る体たらくである。株価は経済を映す鏡であると言われるが、情報通信株の急騰がIT革命の光の部分を象徴するとしたら、「その他大勢」株の低迷は影の部分、すなわち、先行きの不況を暗示しているように思えるからだ。

企業は生産性の向上＝省力化を目的に、先を争うようにIT投資を行っている。だが情報ネットワーク化によってミクロベースの効率化が、進めば進むほど、リストラに直面する熟年層は消費を切り詰めざるを得ない。その結果、マクロベースの景気が低迷する「合成の誤謬」が生じることになる。

1920代後半も電話やラジオなど「ハイテク」製品が急速に普及した黄金時代であり、その関連株価は軒並み高騰していた。だがその一方で、「ハイテク」製品に仕事を奪われた単純労働者や職人は急増する。「ハイテク」業界が求める人材は、今も昔も、技術革新に戸惑いを感じない若い世代であり、一家を支える熟年世代は興隆著しい「ハイテク」業界に転職出来ないのである。こうした求人のミスマッチがもたらした草の根レベルの購買力低下が30年代恐慌の遠因であったとするならば、歴史は繰り返す可能性がある。

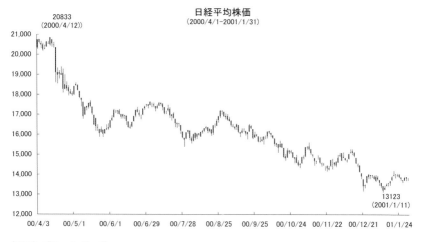

図2：2000年4月からの株価は読み通り、21000円→13500円で推移

（出所）ブルームバーグ

（はじめに）

　私は1981年に信託銀行に入社し、87年から「ファンドトラスト」を運用するファンドマネジャーになりました。ファンドトラストとは、信託銀行が顧客から十億円〜数百億円の資金を預かって各種証券に投資するファンドのことで、暗黙の利回り保証がなされていました。このため、全国津々浦々の企業、団体から預託資金が殺到したのです。

　今なら信じられない話でしょうが、あまりに多額の資金が集まったので、当時20代後半だった私もファンドマネジャーに登用され、数ヵ月後には数百億円の資金を運用していたのです。

　ファンドトラストの運用部署は、日本株・債券の運用課と外債の運用課に分かれており、私は後者の外債運用課でした。ちょうど日経平均株価は2万円を突破した頃で、日本株の運用課は連日の高値更新でいつも賑わっていました。しかし外債運用課のほうは連日の円高、金利上昇で含み損を抱えるばかり。それなら、すぐ買わないでタイミングを待てば良かったじゃないかと思われるかもしれません。しかし次から次へと新規のお金が入ってくるので、

毎日何かを買わざるを得ないのです。ですから運用というよりは、事務作業みたいな流れでした。

そんな外債運用課でしたが、海外に行って生の情報を得るべしという方針が職場から出され、私も87年9月、欧米に行かせてもらいました。現地では大手金融機関の著名アナリスト、エコノミストに会って話を聞きましたが、皆、異口同音に、米国経済は堅調で何の心配もいらないと語っていました。

マスコミに登場する人がそういうのだから間違いないと思い、日本に戻った後は自分も強気の見通しをするようになりました。ところが、それから数週間も経たない間に「ブラックマンデー」が起きて、株価が1日で約2割も下落したのです。その時の経験から、有名な人だからといって話を鵜呑みにするのではなく、何事も自分の頭で考えなければいけないと肝に銘じました。

当時、盛んに言われていたのは1929年の株価暴落との類似性です。ならばその時、何が起きたのか、なぜ大恐慌になったのかを調べようと思い、大恐慌に関する本をたくさん読むようになりました。

それと同時に、ブラックマンデー前後の内外株価、債券、為替、金の動きを振り返ってみようと思いました。当時はパソコンがない時代で詳しい分析は出来ませんでしたが、上記の全てが互いに影響し合っていることは理解できました（**図3**）。そこで私は、日本株・債券と外債・外株といった運用資産別に担当を分けるのではなく、1つのファンドを1人で運用させてほしいと上司にお願いし、89年になってようやくその要請が実現しました。

ちょうどその頃、金利が上昇してきたのをみて私はファンドに入っていた債券を全て売却し、自分の担当資産1500億円の半分を日本株、残りをキャッシュにしました。ブラックマンデーの原因は長期金利の上昇でしたが、その過程で当初は株価が上がっていたので、89年の日本株もまだ上値余地があると考えたからです。

　金利の上昇を横目で睨みながら、いつ株を売ろうかと考えている間に年末になりました。そんな時、半年後に迫った社員旅行の余興として、皆で90年6月時点の株価予測をしようという話になりました。回答者40人中、当時の株価38900円より高いと答えた人は38人で、低いと答えた人は私ともう一人だけでした。

　その結果をみて私は嫌な感じがしました。相場は常に多数派が負けるからです。そして私が危惧した通り、翌年は1月4日の大発会から急落して始まりました。株価だけでなく為替（円安）、債券（金利上昇）の全てが下落するトリプル安のスタートです（図4）。それからずっと下げトレンドが続いたのですが、巨額の株含み益に支えられて当初は誰もが楽観的でした。

　しかし私は87年ブラックマンデーの再来を確信し、自分が運用する日本株を全部売却しました。そのうえで上司や同僚に、「今の状況は87年とよく似ており、一旦、持ち株を売って様子見に徹すべき」と主張しましたが、誰も聞き耳を持ちません。含み益がなければ投資を続けられないというのです。

　その後は誰もが知る通りです。自分が運用するファンドにおいて、お客様にご迷惑をかけなかったことは私のささやかな誇りです。しかし、そうしたトラックレコードは公式には残っていません。それにあの時はうまく行っても、いつも当るわけではありません。相場はそれほど難しいのです。私は天才バッターのイチロー選手だって3割しか当たらないと開き直っています。本書でも先行きの相場予測を語っていますが、その程度のものと思って下さい。それ以上にこの本を、過去の相場の値動きや金融経済の参考グラフ集として、長く手元に置いて頂ければ本望です。

　本書の構成ですが、2018年秋から筆者が連載している週刊エコノミスト誌巻末のコラム「グラフの声を聞く」をテーマ別に並べ替え、解説を加えています（タイトルの後の日付は掲載された日時です）。エコノミスト誌連載の

一つ一つは、ジグソーパズルのピースのようなものです。それを一つの絵に
して筆者の考える全体像をお伝えしたいと思ったのが本書執筆の動機です。

　なお文中のデータおよびグラフは全て2021年9月末時点に入手可能な
データでアップデートしています。今後、毎年グラフを更新した改訂版の発
行を考えていますので、どうぞ宜しくお願いします。

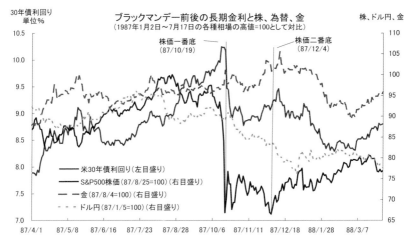

図3：長期金利上昇が引き金を弾いた1987年のブラックマンデー

（出所）ブルームバーグ

＜気がかりな米超長期金利の上昇…2020年11月17日号＞

　1987年10月の株価暴落（ブラックマンデー）直前も、長期金利上昇で米国
株が下落、日本株は高値を更新という図式があった。この時、日本株は米国
株暴落の4営業日前に最高値を更新している。

　ブラックマンデー直前の相場の特徴は長期金利上昇ピッチの早さで、6月
中旬に8・4％だった30年債利回りは4ヶ月後には10・2％に高騰した。この
ため長期債の価格は約2割も毀損し、リスク資産への投資縮小を余儀なくさ
れた機関投資家は、ドル円などの為替、金、株式の順に損切りを行った。そ
の後も売りが売りを呼ぶ展開が続き、長期金利が10％を超えた段階でブラッ
クマンデーを迎える。株価の天敵は長期金利の上昇であることを肝に銘じて

ほしい。

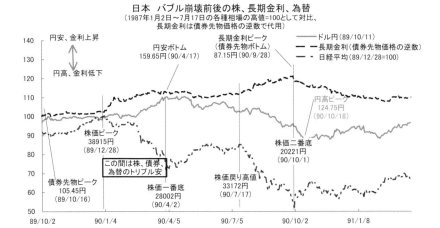

図4：1990年の日本株バブル崩壊も金利上昇がきっかけだった

＜次の暴落時は債券より株が狙い目…2019年1月22日号＞

　1981年の米長期金利ピークアウト後、筆者は87年や90年、00年、08年と4回の株価暴落を経験してきた。いずれも長期金利の上昇がきっかけだったが、最も深刻なケースは90年の日本株暴落だった。何せ、最初の3ヶ月間で株、債券、為替のトリプル安となったのだ（図4）。87年の米国株暴落時は、株式はダメでも債券やドルが買われるなど、まだ救いがあったが、90年のバブル崩壊時は全ての資産について日本売りとなったので打撃が大きかった。

　とはいえ、あのまま株価が下がり続けたなら「投げ」が出て、結果的に投資家の傷は浅かったはずだ。だが株価はその後の3ヶ月間で下げ幅の半値を戻す（ちなみに1929年の株価暴落時もその後の半年間で半値戻りを達成している）。

　これは債券や為替が落ち着きを取り戻したからだが、90年8月の中東情勢悪化で再び金利が急騰し株価は暴落する。しかも今度はこれまでとは一転して超円高となった。

そんな波乱も10月1日には一応の収束をみた。注目は、株式と債券がその日に同時に底打ちしたことで、その際に株ではなく債券を買った投資家は究極の勝者となったことだ。そこが今日に至る債券の大底となったからだ（債券先物価格は87円台で底打ちし、19年9月に155円台まで買われた後、今は151円台で推移している）。

　当時の機関投資家は債券の保有割合が少なく、債券の戻り売り圧力が小さかったことがその一因だ（図5）。翻って今、生保保有資産に占める株式と債券の構成比は当時と逆転している。もしいま31年前と同じようなトリプル安になったとしたら、半年〜1年待ったうえで、今度は債券ではなく株式を購入すべきだろう。

　✏️いま生保をはじめとする日本の機関投資家は債券の保有割合が大きく、株式の比率は少なめです。しかし90年代前半は今とは違って債券の保有比率が少なく、債券が買われる余地が大きかったのです。

　今もし株価が暴落したら、主要国は多額の債券を発行して景気を下支えし、株価を押し上げようとするでしょう。米国の年金基金などは総資産の8割以上が株式や投信なので、株安を放置すると社会不安が起きてしまいます。しかしマネーの供給が急増するとインフレになるのは世の常です。現在のように、当局が国債を購入して長期金利の上昇を抑えたとしても、物価全般をコントロールすることは出来ません。

　その場合、当初はともかく、二桁のインフレが続くようなら、マーケットは実物資産としての側面をもつ株式に目を向けてくるはずです。筆者は、2022年以降、米国など世界各国でインフレが猛威をふるい、22〜23年には株価が今の半値になると見ています。その時こそ、実物資産を保有する歴史ある会社の株式購入のチャンスです。次章で解説しますが、来るべき危機は30年代型のデフレではなく、インフレになると思われるからです。

図5：生保資産の内訳、バブル期は株式関係が多かったが、今は債券が大半

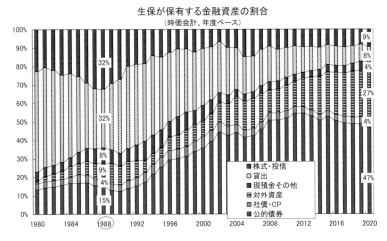

生保が保有する金融資産の割合
（時価会計、年度ベース）

（出所）日銀：資金循環統計

　私が愛読する「ハイパーインフレの悪夢」（アダム・ファーガソン著、新潮社刊）には次のくだりがあります。

　　（引用開始）1919年12月15日、アイゼンメンガー婦人は日記に次のように書いた。チューリヒ市場のクローネの下落傾向は変わらないが、「わたしが買った工業株は、不可解なほど値上がりしている。不安を覚えるほどだ」。「株投機があらゆる階層の人々に拡がり、株価は青天井のように上がり続けている。株価が上がるたび、銀行の人はよかったですねと言ってくれる。けれど富が増えたせいで、ひそかに感じている不安は追い払えない」。

　　このときオーストリアで起こっていたことは、ドイツでこれから起こることの前兆だった。（引用終わり）

　筆者注：ドイツハイパーインフレについては第14章をご覧ください。

第 1 章

2024年までの相場概観と要注目データ

この章では2022年〜24年までの各種相場の予測とその根拠について考えてみました。まず22年は量的緩和縮小（テーパリング）とその後の利上げの影響が焦点になると思います。だとしたら、06年の量的緩和停止前後の日本株パターンが参考になると思い、下記のグラフを作成しました。黒線は当時の株価を現在の価格に引き直したもの、矢印は、それを踏まえた筆者の予測図です。

図1　2020年〜 24年の日本株は基本的に2005年〜 09年 と同じパターン？

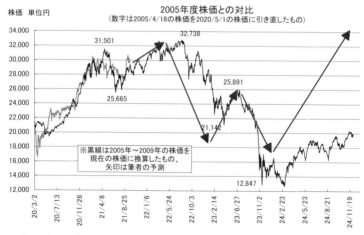

（出所）ブルームバーグ

米サザン・メソジスト大学のラビ・バトラ教授といえば、1987年に出版された「1990年の大恐慌」で世界的な株価の暴落を予測したことで知られます。この本は少なくともバブルが崩壊した日本株については的中しました。

その教授が99年に邦訳された著書では次のように予言しています。前段部分は08年のリーマン・ショックで実現し、その後の各国の対応も教授の言った通りです。ならば後段の予言も成就するのでしょうか。

＜ラビバトラ教授の予言＞

　独占企業の台頭で賃金の伸びが生産性に遅れをとると、需給バランスは借入金増加という人工的な手段でしか維持できなくなる。賃金が生産性より低いので企業収益は急増、株価も急騰する。需給ギャップが表面化したとき、株価は下落し、景気後退は不可避となる。

　この時点で、国々は赤字財政、通貨供給拡大といった手段で問題を先送りし、抜本的な改革を打ち出そうとはしない。そこで結局、もっと大きな問題が起こってくる。海外から大量の借入をした国は、通貨が暴落しインフレが続く。（大予測・世界経済、たちばな出版、1999年刊）

　2024年までの相場ですが、水準はともかく、そのアップダウンのパターンは2005年〜09年の日本株と同じような動きになると思います。内外の株価ピークは2021年のクリスマス、あるいは22年2月の節分頃で、高値はNYダウが38915ドル（89年の日経平均高値と同じ）、あるいは38617ドル（1929年9月の大恐慌前の高値）、日本株が3万2千円台というイメージです。

　もう一つ、表紙に掲げたチャートは1989年の日経平均と、この1年間のNYダウを重ねたものです。円とドルという通貨単位の違いはありますが、その動きがそっくりなことに驚かれたかと思います。それだけではありません。株価のみならず、長期金利の動向も瓜二つなのです。ならば過去の歴史的高値と同じ水準でピークアウトするのではとも思うのですが、そんなことになれば悪い冗談では済みません。

　いま米国ではコロナ禍に対応した過剰な景気対策でサプライチェーンが混乱し、少なくとも22年夏までは物価の上昇が続くと考えられています。これに対し、FRBは物価上昇は一時的だとして積極的な対応を行おうとはしませ

ん。このため実質金利（長期金利－物価上昇率）は上がらず、短期的には株価にフォローの風が吹きます。

しかし海外から大量の借り入れをした新興国は物価上昇＝インフレに対応出来ず、通貨安と金利上昇が続くことになります。そうなるとドル建ての債務返済が不能になり、ラビバトラ教授が予言する97〜98年に起きた「アジア金融危機」のような事態が再来する可能性があります。

私はそれが22年の夏までに起きて、株価は2023年末に向けてピーク時の半値近く（NYダウは2万ドル割れ、日経平均は16000円台）に落ち込むとみています。

これに対し各国中銀は、米大統領選が始まる23年末頃から、より一層の量的緩和を推進し、それと同時に日銀に倣ったETF買いで株価を支えると思います。しかしその結果、さらにインフレが進行して債券は売られ、行き場を失った資金は実物資産としての側面をもつ株式に向かうことになりましょう。株価の大底が23年末とみるのはこのためです。

相場はあらゆる要素が相互に影響しあう複雑系なので正確な予測は困難です。しかし次のシグナルが出現した場合は、上記のタイミングとは別に株価急落の可能性が高いのでご注意ください。それは、①長期金利が520週移動平均線を上回る、②原油価格が200日移動平均線を下回る場合です。この2つのケースについては11章で詳述します。

次は、「新興国を中心に物価の上昇が金利に波及し、2023年1－3月期までにリーマンショック級の金融危機に見舞われる」というロシア中銀の警告を紹介します。

図2　新興国を中心に各国の消費者物価が急騰している

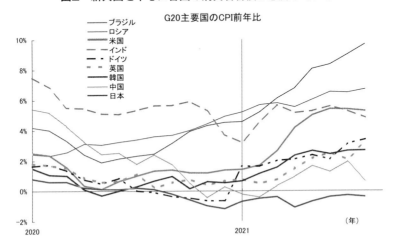

（出所）OECD

図3　米国の爆発的な財輸入増で港湾機能がマヒしている

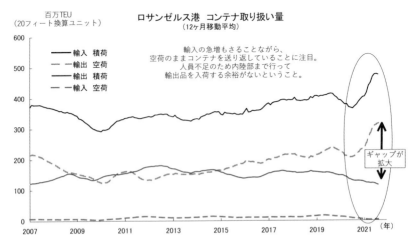

（出所）The Port of Los Angeles

＜１年半内にリーマン級の金融危機か…２０２１年10月５日号＞

　ロシア中央銀行は2021年9月に発表した年次金融予測の中で、18ヶ月以内（23年3月まで）にリーマン・ショック級の金融危機が起きる可能性を指摘した。物価上昇に直面した米連邦準備制度理事会（FRB）は利上げを余儀なくされ、世界経済は急激に悪化するというのだ。既に新興国ではインフレ圧力が高まっており（図2）、ロシアやブラジル、韓国、ノルウェーなどは今年、政策金利を引き上げている。

　物価急騰の元凶は昨年3月以降、政府が5兆㌦、FRBが4兆㌦を投じた米国の過剰な景気刺激策だ。昨年は毎週600㌦、今年は300㌦もの手当を受給し、各種ローンの返済も猶予された国民は消費ブームの真っ只中にある。量的緩和策で潤った富裕層も高額品を買い求めるなど、一国全体で膨大な商品需要が生まれた。これでは物価上昇は当然だ。

　世界的な港湾運営会社マースク社のトップは、「サプライチェーンの危機は消費需要の減少でしか解決できない」と語る（英フィナンシャル・タイムズ紙）。7月の米国の輸入額は前年比2割も増加し、財の貿易赤字は悪化した。ロサンゼルス港ではあまりにも入荷が多く、処理能力の限界に達しているという（図3）。しかもクリスマス商品の搬入はこれからだ。

　マースク社首脳は「来年後半まで事態は改善しない」という。年内に量的緩和縮小というFRBの対応はあまりにも遅く、ロシア中銀が懸念する金融危機の再来は十分に有り得よう。

✒ FRBなど各国中銀の首脳は、量的緩和政策を行っても金利が上がらないのだから、インフレの心配は無用だと（表向きは）言っています。確かにいまは中国など新興国の台頭で工業生産能力に余力があるので、物価が上がりにくいことは事実です。しかし今回のコロナ禍のように、物流に支障を来した場合には物価安定の前提が覆されます。いまの経済運営は平時を前提にしており、天変地異や紛争といった有事の到来を考慮していません。その時は、いくら中央銀行が債券を買い支えても金利は上がってしまうのです。

　次に起きるであろう金融危機→恐慌は1930年代型のデフレではなく財政

破綻によるインフレになるはずです。よく歴史は繰り返すと言いますが、過去と同じパターンで推移することはありません。30年代は銀行が破綻し、債券もデフォルト、そして株価が9割も下落するデフレスパイラルとなったことで、マネーサプライも急減しました（**図4**）。このため貨幣＝現預金の希少価値が高まり、債券も高騰（金利が低下）したのです。

図4　1930年代前半、マネーサプライの伸び率は大幅マイナスだった

（出所）US Census Bureau :Statistical Abstract of the United States:1938

✎これに対し、今は何があっても政府が銀行を救済し、債券や株式を買い支えるので、マネーの総量が一時的に減ることはあっても、すぐにまた元に戻ります。ですから、先行きはデフレではなく物価が高騰するインフレになると思います。そして、その時は債券が見向きもされなくなり、行き場を失ったマネーは、貴金属を始めとする商品や株式に向かうことでしょう。**図1**で示したように、一旦は株価が半値になるとしても、2024年には株価が急騰するとみるのはこのためです。

　では不動産はどうか。超一等地にある希少な不動産物件と一般の住宅地とでは真逆の値動きをすると思います。前者はインフレヘッジとしての側面に

着目する法人の購入で高騰する一方、後者は値下がりが止まらなくなるかもしれません。変動金利の住宅ローン金利が上昇し、中古住宅の売り物件が増加すると思われるからです。また銀行もインフレで元本が目減りすることを警戒し、住宅ローンの審査を厳格化するでしょうから、住宅市場の需給バランスが崩れます。そもそも銀行が販売する30〜35年ローンという商品は金利上昇局面では成り立ちようがないのです。

　次に為替ですが、過去の金融危機時にはドル円が売られています（円高ということ）。これは日本から海外へ巨額の証券投資が行われているからです。機関投資家にはロスカットルールがあり、概ね2割の損失が出たら損切りを余儀なくされるのです。ですから次の金融危機時も機関投資家の損切りで一旦は80〜90円くらいの円高になるでしょう。

　こうした中、日銀は損失を抱えた金融機関を救済しようと、これまで以上に国債を買ってマネーを増発するかもしれません。しかし日銀はFRBよりも相対的に資産残高が大きく（総資産÷名目GDP）、金利上昇局面では脆弱な体質です。それだけに対外的な信用が失われて円安が止まらなくなる可能性もあります。そんな予測は杞憂であれば良いのですが…。

第 2 章

80年周期の呪縛とは

前章では、株価が半値になった後、2024年からはそれまでの下落幅以上に上昇するという見通しを提示しました。多くの読者はずいぶん極端な見方だと思われたに違いありません。しかし筆者は、2020年代の10年は幕末に匹敵する動乱期になると考えており、各種相場はそうした世相を反映し、上下に振幅が大きい無茶苦茶な動きをすると思うのです。

　ここからはその根拠となる過去のデータを紹介します。

図1：洋の東西で火山が噴火し穀物価格急騰→フランスは革命、日本は飢饉に

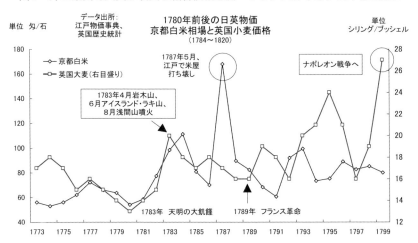

（出所）イギリス歴史統計、江戸物価事典

図2　1860年代、日米の物価は異なる理由で高騰

1850－69年の日米物価

日本の米相場
石/匁

アメリカ物価指数
（金価値表示）
1901－1910＝100

1860年代、日本は幕末の混乱で、米国は南北戦争の影響で
ともに物価が急騰している。さらに興味深いのは同じ時期、
それまで小国に分裂していたドイツとイタリアが国家統合し、
普仏戦争に敗れたフランスもナポレオン3世が失脚、
共和制に移行していることだ。つまり現在のG5国のうち、
英国以外の4カ国がこの時期、近代国家に生まれ変わった。

京都　白米
アメリカ物価指数

（出所）江戸物価事典、アメリカ歴史統計

＜80年周期で来る超インフレ…2020年6月23日号＞

　世界は約80年ごとに政治経済が一変するパラダイムシフトに直面してきた。1780年代のフランス革命、米国独立戦争、天明の大飢饉、1860年代のドイツ・イタリア国家統一、米国南北戦争、幕末・明治維新、そして1940年代の世界戦争がその事例だ。1860年代の変動では現在につながる近代国家が誕生し、先の大戦では旧体制が一掃された。

　筆者は長らく講演会等で「80年周期の大変動、次は2020年代」と語ってきたが、今回のコロナ禍はその始まりであり、今後10年は世界的に「幕末」に匹敵する混乱が連続するだろう。

　過去を振り返ると、80年周期の変動はいずれも、天変地異や戦争などで物価の上昇を伴っている。例えば1780年代は、日本では浅間山、欧州ではアイスランドのラキ山噴火で穀物価格が急騰、天明の大飢饉やフランス革命をもたらした（図1）。幕末の日本では、黒船来航以外にも大地震など天変地異が頻発し、幕府財政を圧迫した（図2）。1858年の日米修好通商条約の締結後は、金銀の交換比率の違いから小判が海外に流出、海外では金銀比価が記録的な安値になった。一方、国内には対価の銀貨が大量に流入し貨幣流通量が

膨張、米価が数倍になる超インフレとなった。先の大戦後も地価が数年で10倍に上昇したが、今回はどうなるか（図3）。

日本では1860年と1940年の80年周期の中心年から4～5年後に米価、地価とも暴騰しています。2度あることは3度あるとしたら、次のインフレは2024～25年あたりから急加速するのかもしれません。

図3：80周年の中心年：1860年と1940年はいずれも5年以内に超インフレ化

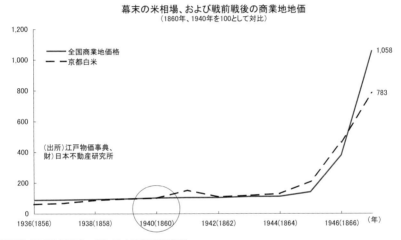

幕末の米相場、および戦前戦後の商業地地価
（1860年、1940年を100として対比）

（出所）江戸物価事典、財）日本不動産研究所

＜日本は80年周期の大変動、世界的にも「幕末」か…日経ビジネス電子版2018年10月1日号＞

　天変地異は歴史の流れに大きな影響を及ぼします。第5代気象庁長官だった高橋浩一郎氏（1913～91）は、その著書『気候変動は歴史を変える』（1994年刊、丸善）のなかで、日本は80年ごとに大変動に見舞われてきたと指摘しています。いわく「1620年の江戸幕府の確立を起点と考えるなら、1700年は享保の改革、1780年は寛政の改革、1860年は幕末、そして1940年は戦争の時代である」というのです。

もちろん、80年周期といっても実際にはプラスマイナス10年くらいの幅があって、高橋氏が指摘した年はその中心くらいだと考えるべきです。たとえば「1860年＝幕末」の混乱は、1853年のペリー来航から始まって1869年の戊辰戦争で一応の収束をみています。「1940年＝戦争」は1931年の満州事変から始まって、1950年の朝鮮戦争勃発あたりまで混乱が続きました。

　つまり80年周期とは、安定の60年期と混乱の20年期で形成されているようです。古来、中国では十干十二支＝60年を一つのサイクルと捉えていますが、その新たな周期が始まる前に、一つの時代の終わりと再生に充てる前後10年＝約20年の準備期間が必要なのでしょう。

　こうした80年周期の"呪縛"が今も有効だとしたら次の転機は2020年（※筆者注：それがコロナ禍だった）。とすれば、今後は我々の予想を超える大きな変化が起きることになります。幕末はちょんまげ姿がノーマルだったのに、数年後にはそんな人物は皆無になりました。戦前は男の子の憧れの的だった軍人が、終戦後は公務員なのに全員が失職してしまいました。あるいは経済面でも、1860年や1940年の事例をみると、古い国家体制が壊れる過程でインフレが猛威を振るい、僅か数年足らずの間に米価や商業地地価が8倍になっています（図3）。

　米国でも、1860年代の南北戦争や1930年代の大恐慌時には金価格が2倍以上になっています（図4）。もっと古くまでさかのぼれば、イタリア・ジェノアでも、節目の1620年に金利1％台という超低金利局面が終焉を迎えています。これは宗主国のスペインが経済破綻したことが原因でした（図5）。

　では、これから2030年に向けて、そんな「非常識」な変化が起きるのでしょうか。かくいう筆者も「今回は違うだろう」と思っていたのですが、先日の英フィナンシャル・タイムズ紙に掲載されたキッシンジャー元米国務長官のインタビュー記事（※）を読んで、考えが変わりました。いわく、「一つの時代の終わりにはその幕引きをする人物が現れる、それがトランプ米大統領だ」。

つまり、「世界的な幕末」だからこそ、それにふさわしい「非常識」な大統領が登場したということです。※FT18/7/23：Henry Kissinger： 'We are in a very ,very grave period'

　もうおわかりでしょう。長らく続いた安定した時代は終わったと考えるべきです。今後は自然界はもちろんのこと、政治、経済、外交の全てが一変しても不思議はありません。幕末の庶民はあまりに急激な変化に耐えきれず、「ええじゃないか」と叫んで三日三晩踊り狂ったと言います。これまでは、なぜそんな集団ヒステリー状態が起きたのか理解できませんでした。でも最近は、そのうち現代の日本でも同じ現象が起きるのでないか、そんな気がしてなりません。

図4：米国でも1860年代と1930 〜 40年代に金が急騰している

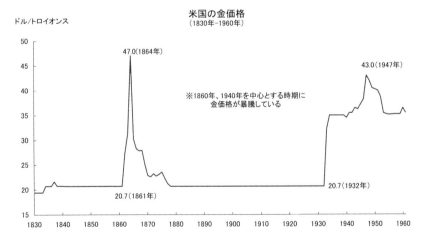

米国の金価格
（1830年-1960年）

ドル/トロイオンス

（出所）アメリカ歴史統計

図5 イタリア・ジェノバの超低金利は80年周期の中心年＝1620年に終焉を迎えた

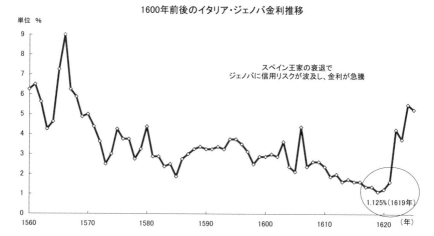

1600年前後のイタリア・ジェノバ金利推移

単位　％

スペイン王家の衰退で
ジェノバに信用リスクが波及し、金利が急騰

1.125%（1619年）

（年）

（出所）A History of Interest Rates　S.Homer

第 3 章

人口動態が予見する世界経済の混乱

　先行きを見通すうえで人口動態ほど確実な指標はありません。いま主要国の生産年齢人口（15—64歳人口）は軒並み減少に転じており、働き手が減る中で経済成長を維持するには、量的緩和などの景気刺激策が不可欠です。世界はコロナ禍がなくても借金まみれとなる運命だったのです。とはいえ、返す当てがないまま借金を増やしたら、一体どうなるのか。2020年代はその後始末を巡って相場が乱高下する時代となるでしょう。

図1：主要国の生産年齢人口・前年比の減少に伴って長期金利が低下してきた

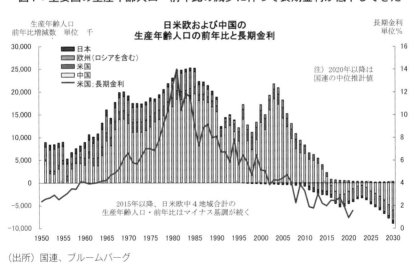

（出所）国連、ブルームバーグ

＜働き手の減少がもたらす世界経済の鈍化…2019年7月30日号＞

　日米欧中の経済規模は世界の7割を占める。この4カ国（地域）合計の生産年齢人口（15 〜 64歳）は2014年にピークを迎え、その後は毎年減少して

いる（図1）。国別では日本が1996年、欧州は2011年、中国は16年からマイナスになった。米国はまだプラスだが、昨年の増加数は約70年ぶりの低水準だった。

　注目は生産年齢人口と長期金利に相関があることだ。働き手が増えれば景気が上向き、減れば景気が低迷する。長期金利はそんな人口動態の変化を反映してきた。長期金利が2％を下回ったのは日本が97年、欧州（ドイツ）は11年で、いずれも生産年齢人口が減少し始めた時期と一致する。日欧の長期金利は16年以降、マイナス化が始まったが、これも4カ国（地域）の生産年齢人口がピークアウトした直後のことだ。

世界経済成長の両輪は生産年齢人口と債務の増加でした。ところが2014年を境に、主要国の生産年齢人口は減少に転じたのに、さらに債務が増加する歪な構図となっています（図2）。しかし、そんなことが長続きするはずはありません。いずれ何らかの原因で債務危機が起きて金利が上昇し、債務残高は縮小していくはずです。

図2：生産年齢人口に連動して増加してきた債務総額だが…

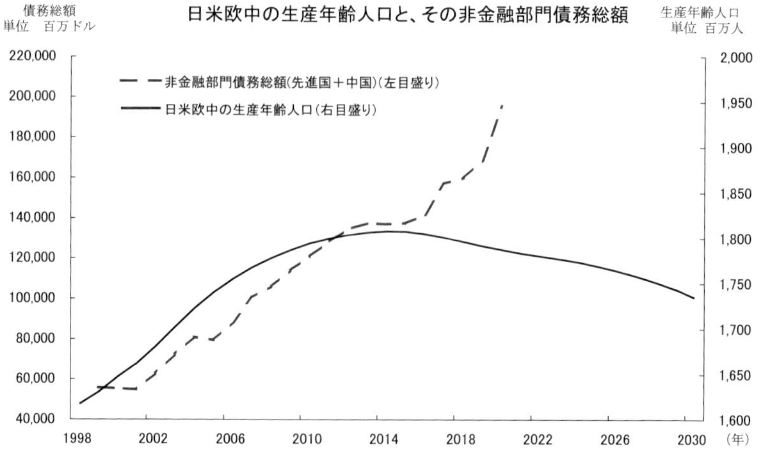

債務総額
単位 百万ドル

日米欧中の生産年齢人口と、その非金融部門債務総額

生産年齢人口
単位 百万人

- -- 非金融部門債務総額(先進国＋中国)(左目盛り)
- —— 日米欧中の生産年齢人口(右目盛り)

（出所）国連、BIS（国際決済銀行）

いま人口が減少している国はウクライナ、日本、イタリアくらいなもの
ですが、婚姻数が減少している以上（**図3**）、日本の人口減少ペースはさらに
加速していきます。日本の衰退が語られますが、その元凶が人口問題である
ことは江戸時代の昔から変わりません（**図4**）。

図3：日本の昨年の出生数は146年前、婚姻数は86年前と同水準

（出所）日本経済統計集、厚生労働省

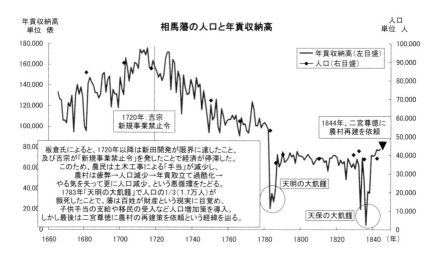

図4 人口に比例して年貢収納高も減少した江戸時代の相馬藩

相馬藩の人口と年貢収納高

（出所）相馬市史（年貢収納量）、板倉聖宣氏（人口）

＜江戸時代にもあった少子化問題…2019年6月11日号＞

　「日本史再発見」（板倉聖宣著、朝日選書）は、今日の人口問題を考えるうえで示唆に富む。江戸時代、相馬藩の人口や年貢収納量は1720年頃がピークで、その後の60年で人口や年貢収納量は4割以上も減少した（図4）。これは吉宗が出した「新規製造物禁止令」によって、その後の経済が停滞したからだという。

　新田開発事業＝公共工事を削減された結果、農民の収入は減少、生活は困窮する。それなのに藩は、過去と同じ基準で年貢を取り立てたので、農民は子供を育てられない。このため更に収穫が減る悪循環に陥った。そこに天明の大飢饉が起きて人口も年貢も大打撃を受ける。ここで初めて相馬藩は「百姓こそが藩の財産」と気づき、子供が7歳になるまで米を支給、藩政も抜本的に改革して倹約に努めた。だが一度大きく減少した人口は元には戻らない。

　そこで藩は二宮尊徳の指導を仰ぐ。尊徳は超長期の年貢収納量を分析し、「60年周期の発展期、衰退期、低水準の安定期からなる。次の60年間は再び発展期」と喝破した。

翻って現在、出生数が明治初期の水準まで落ち込む中、消費税増税が繰り返され、次はコロナ禍に直撃されるなど先が見通せない。かつての相馬藩が悟ったように、政府には「国民こそが日本の財産」を意識した政策を期待したい。

✒ 今の日本の状況を二宮尊徳がみたら何と言うのでしょうか。高齢化の度合いは日本が世界随一であり、10年後はどうなるのか不安になります。

図5：日本の中位数年齢、高齢者依存人口比率はともに世界ワースト1

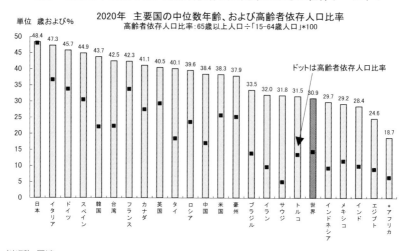

2020年　主要国の中位数年齢、および高齢者依存人口比率
高齢者依存人口比率：65歳以上人口÷「15-64歳人口」*100

単位　歳および%

（出所）国連

＜生産年齢人口では健闘する日本の成長率…2021年7月6日号＞

1995年、日本の1人あたりのドル建て国内総生産（GDP）は世界3位だった。それが19年は世界21位と80年以降で最低になった。経済低迷の元凶は人口高齢化だ。国連の推計によると日本の中位数年齢は48・4歳と世界一だ（図5）。これは年齢を基準に人口を二つのグループに分けると、日本は48歳以上が過半を占めるという意味である。

もう一つ、高齢者依存人口比率というデータもある。こちらは65歳以上人口を生産年齢人口（15-64歳人口）で割ったもので、一人の現役世代が何人

の高齢者を支えるかという指標だ。この数値が高いほど医療費や年金など社会全体の負担が大きくなるが、こちらも日本が世界一である。

　65歳以上人口が増える一方で生産年齢人口は減るのだから、日本のGDPが低迷するのは当然だ。だが、そんなハンディがありながらも日本の現役世代は健闘している。この10年間の生産年齢人口・一人あたりのGDP成長率は中国、インド、韓国の次で、米国や世界平均を上回るからだ。人口動態が似たイタリアがゼロ成長なのと比べ、日本の潜在力はまだ失われていない。それだけに政府はもっと少子化対策に注力すべきだろう。

　相手国との貿易量と物価をもとに加重平均した実質実効円レートはいま、85年のプラザ合意以前の円安水準に戻っています。その一因は人口の老齢化にあるのかもしれません。

図6：実質円レートは逆依存人口比率（現役世代の負担増を示す）とリンク

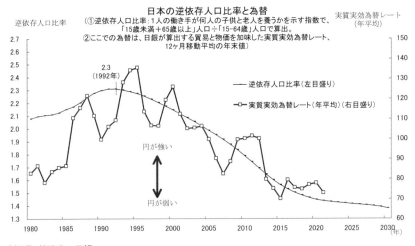

（出所）総務省、日銀

＜老齢化で上値が重い円と日本株…2021年7月20日号＞

　2020年を起点に各国通貨の対ドル為替をみると、豪ドルやユーロなど主要国通貨が1割近く上昇しているのに対し、円は2％以上も下落（円安）してい

る。これはインドなど経常赤字を抱える新興国並みの下落率だ。以前ならコロナ禍のような経済異変が起きれば、すぐさま海外への投資マネーが日本に戻って円高になったが、今回はそうなっていない。

　理由として考えられるのは、株高に象徴される米国経済の堅調さと日米金利差の拡大だ。だがそれだと、日本と同じく経済がパッとしない欧州通貨の上振れを説明できない。そこで筆者が着目するのは、世界一、老齢化が進む日本の人口動態だ。

　生産年齢人口1人あたりの被扶養者数を示す逆依存人口比率をみると、日本は92年の2・3をピークに直近は1・4台まで低下している（図6、および37ページのBOX図1）。一方、諸外国との貿易量と物価上昇率を加味した実質実効為替レートは、95年のピークから落ち込みが止まらず、そのトレンドは逆依存人口比率の推移と軌を一にしている（図6）。円の価値は老齢化の進展に伴って趨勢的に下落しているのでないか。

　35-54歳の消費世代人口が減少すると小売り販売額も影響を受けます。

図7　消費の中核＝「35～54歳」人口の減少で小売り販売額は今後低迷へ

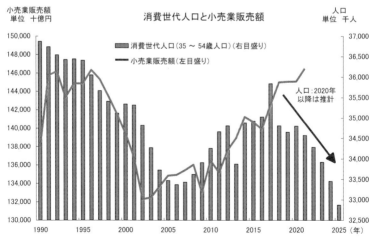

（出所）経済産業省、総務省

＜株価は長期低迷の人口動態…2020年6月30日号＞

　筆者は、たとえ今回のコロナ禍が一過性で終わったとしても、先行きの消費低迷は必然だと思う。なぜなら17年を境に（購買力がある）35 〜 54歳人口が減少しているからだ。97年の消費税増税後の小売り販売減や、09年以降の急増はいずれも同世代の人口増減と関係している（図7）。14年の消費税増税後に消費が腰折れしなかったのもこのためだろう。

ここからは他の人口に関するグラフを紹介します。**図1**はとても深い意味をもったグラフなので、じっくり見て下さい。

図1：戦前は子供が多すぎたので社会負担が重かった。しかし今は…。

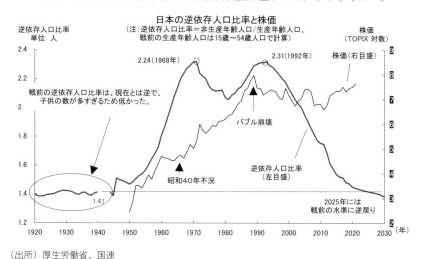

（出所）厚生労働省、国連

図2：戦前は2人に1人が25歳未満…だから戦争への抵抗感が少なかった？

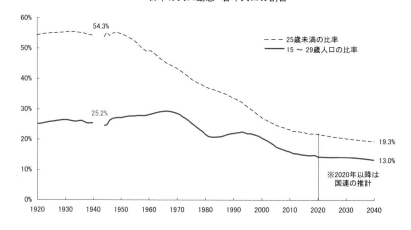

（出所）厚生労働省、国連

037

✒ 若年人口比率が高いと良い意味でも悪い意味でも活気があります。それとは反対に、若者人口が落ち込む局面では危機に直面するようです（90年：日本のバブル崩壊、91年：ソ連崩壊、07年：欧州パリバショック、そして21年：中国不動産バブル崩壊？）。

図3：15～29歳の若年人口比率が高ければ戦争や紛争が起きやすい

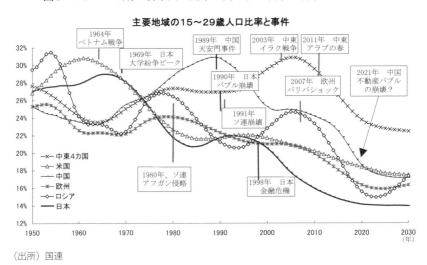

主要地域の15～29歳人口比率と事件

（出所）国連

（注1）中東4カ国はエジプト、イラン、サウジアラビア、トルコ。注2）欧州はロシアを含み、旧ソ連の中央アジア諸国を含まない。注3）2020年以降は国連の推計。

＜若年人口比率と戦争、金融危機…2019年10月8日号＞

　米国の歴史家、W.マクニールによると、20世紀に起きた両次大戦の背景には人口過剰問題があったという（『戦争の世界史』、中公文庫）。事実、戦前の日本では国民の4人に1人が若年人口層（15～29歳）であった（図2）。戦前の日本は良くも悪くもエネルギーが過剰だったのだ。

　第二次大戦後の統計をみても、各国とも若年人口比率がピークを迎える前後に戦争や動乱が起きている（図3）。ベトナム戦争やソ連のアフガン侵攻、「アラブの春」はその事例である。若年人口は兵役対象年齢でもあるので、その数が多ければ、為政者は戦争への抵抗感が薄れるのだろう。戦争ではない

が、日本の大学紛争や、中国の天安門事件もそうしたタイミングで起きている。紛争やデモは若者の向こう見ずな熱気が結集した結果なのだ。

　逆に、若年人口比率がボトム（底）にあった時にソ連が崩壊し、また若年人口比率の低下が加速する局面で、日本や欧州の金融危機が起きている（図3）。これは国家内部のパワー低下が、形となって表れたということなのだろう。

　その意味で注目されるのは中国だ。同国の若年人口比率は2007年の25％台をピークに、20年は19％台に急減している。ロシアや日本、欧州が直面したこの人口動態上の難所を、中国は無事にやり過ごすことが出来るだろうか。

図4：スペイン風邪が猖獗を極めた1918年の年間死者数は未だ更新されず

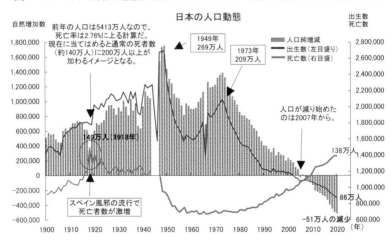

（出所）厚生労働省、総務省

＜スペイン風邪の歴史に学ぶ相場…2020年2月18日＞

　日本の人口統計をみると次の2点が注目される（図4）。一点目は出生数で、昨年（86万人）は1874年以来の水準だ。当時の総人口が3500万人だったことを思えば、今の出生数は異常とも言える少なさだ。二点目は死亡者数で、昨年は138万人と戦後では最大だが、今なお戦時中を除く過去のピーク（1918年）には及ばない。

1918年の死亡者数が突出しているのは、スペイン風邪の世界的流行によるものだ。その前年の日本の総人口は5400万人だったので、驚異的な死亡率だったと言えよう。「日本を襲ったスペイン・インフルエンザ」（速水融、藤原書店）によると、当時の新聞紙面は、「罹患者の5％が死亡、郵便配達に支障を来す。市電も間引き運転」といった見出しで溢れ、その新聞も「社内罹患者増大のため頁数縮小」を通告せざるを得なかったという。

　全世界で5000万人が犠牲になったとも言われるスペイン風邪の流行は、1918年から19年にかけて3波に及んだ。なかでも18年秋の流行は猖獗を極め、11月には第一次大戦が終結したほどだ（図5）。また当初は上げ基調だった株価も、流行1波、2波とも死亡者数の急増をみて下落した（3波目の時は欧州支援を好感して上昇）。

図5　103年前のスペイン風邪流行は、株価にはそれほど影響がなかった

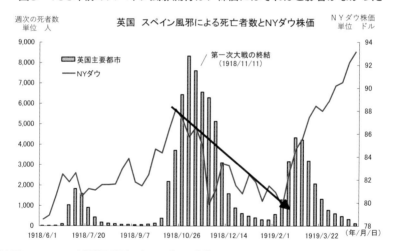

（出所）ニューヨーク証券取引所、豪メルボルン大学

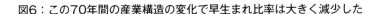

図6：この70年間の産業構造の変化で早生まれ比率は大きく減少した

早生まれの割合と第1次産業の就業者比率

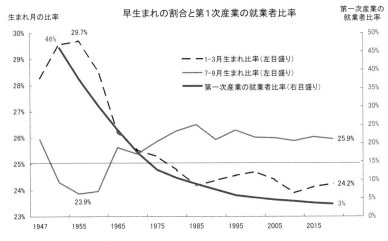

（出所）厚生労働省、総務省

＜産業構造の変化で減少した早生まれ…2020年7月28日号＞

　人口動態は経済を見るうえで重要な要素だ。その変化の一断面は、戦後の70数年間で早生まれ（1－3月生まれ）比率が急減したことに見て取れる。例えば1947年の早生まれ比率は28・3％もあった。1－3月の日数（通常は90日）は1年の24・7％なので、その超過度合いは大きい。だが、そんな高水準の早生まれ比率は55年（29・7％）をピークに低下し、75年には7－9月生まれと逆転する（図6）。

　1日あたり出生数でみても、75年までは1〜2月生まれが一番多かったが（65年と75年は2月生まれがトップ）、その後は7月生まれや9月生まれに取って代わり、現在に至る。

　では、なぜこうした変化が起きたのか。その主因として考えられるのは産業構造の変化だ。47年に50％近かった第一次産業（農林水産業）の就業割合は年々減少し、それに伴って早生まれ比率も低下している（図7）。農村社会だった頃の日本は農家の主婦は重要な労働力だった。だから春の田植えや秋の収穫という農繁期に出産が訪れるのを避けていたのである。それが農業の比重低下に伴い、出産の季節性は薄れていく。

これに対し、月別の死者数は今も昔も1－3月が圧倒的に一番多い。病人や老人は寒い時期を越すのが難しいからだ。だが、それも空調の普及のせいなのか、平準化しつつある。コロナ禍後は人口動態にどんな変化が起こるだろうか。

図7：戦後間もない頃でさえ、都会では1月生まれが突出していたわけではない

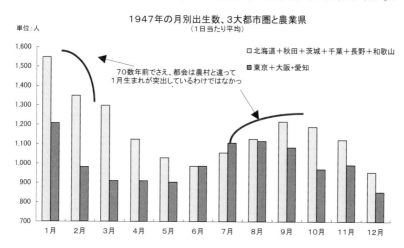

1947年の月別出生数、3大都市圏と農業県
（1日当たり平均）

単位：人

□ 北海道＋秋田＋茨城＋千葉＋長野＋和歌山
■ 東京＋大阪＋愛知

70数年前でさえ、都会は農村と違って
1月生まれが突出しているわけではなかっ

（出所）厚生労働省

第 4 章

米国の衰退と基軸通貨ドル

今年8月15日、アフガニスタン・カブール空港での混乱は、1975年、南ベトナムから慌てて撤退した米軍の様子を彷彿させるとして話題になりました。その様子をみて、同盟国の間では米国に対する信頼が失われたとの声が高まっています。

2001年からの20年間に、米国はアフガニスタンとの戦争で2・3兆㌦（250兆円）も費やしたそうですが、そんな浪費を続ければ「帝国」の屋台骨が揺らぐのは当然でしょう。実際、様々なデータが米国の衰退を示しています。

図1：米債務比率は大恐慌期のピーク時と同一、僅かな金利上昇が致命傷に

出所）FRB、アメリカ歴史統計

＜「大恐慌期」に学ぶ米債務水準…2021年5月18日号＞

　過去100年間の米国債務比率（非金融部門債務総額÷名目GDP（国内総生産））は4つの局面に大別される（図1）。第1は1915年〜33年で、大戦とその後の好況で金融債務は増大、株価は上昇する。だが29年に株価が暴落し、借金で投資していた投資家はあらゆる資産の売却を余儀なくされたので、債務残高以上にGDPが減少してしまう。債務比率のピークが33年だったのはこのためだ。

　第2は34年〜52年で、ルーズベルト政権の各種対策が奏功し債務比率は低下する。だが何よりも効果的だったのは第二次大戦で、GDPの急増に伴い債務比率は52年までに恐慌以前の水準に戻る。債務比率の正常化から2年後の54年になって、ようやく株価が29年の高値を更新したのは象徴的だ。

　第3は53年〜81年で、債務比率の極大化が恐慌の遠因となった反省から、当局は銀行貸出を規制していたので債務比率は安定していた。だが経済活動の拡大で資金需要が増加しているのに、貸出は制限されていたので金利は上昇する一方だった。

　こうした状況を打開すべく、金融自由化を進めたのが82年のレーガノミクスだ。以後、債務比率は急増、金利は趨勢的に低下し現在に至る。これが第4の局面だが、債務比率は33年の水準に接近し、今はジャンク債の金利でさえも過去最低だ。振り出しに戻った債務比率は過去の轍を踏むのだろうか。

図2：米国の債務比率と貧富の格差は連動し、その比率はいま恐慌期を上回る

米国　債務総額/名目GDP比、および所得トップ0.01%層の全体に占める割合

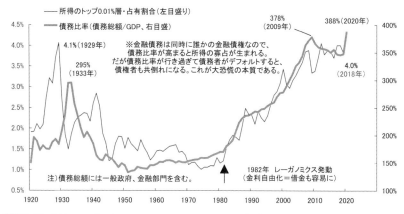

（出所）World Inequality Database、FRB 、アメリカ歴史統計

＜米国の債務比率と所得格差は表裏一体…2019年7月23日号＞

　米国の債務比率（債務総額÷名目国内総生産）はいま1933年のピークを上回る（図2）。債務比率とは実体経済に対する金融経済の規模を示すもので、大恐慌と世界大戦を経てその比率が正常化した後は、戦後しばらく安定的に推移していた。これは過度な金融緩和は経済の安定を損なうとして規制されていたからだ。

　それが80年代前半、当時のレーガン米大統領が行った一連の金融改革で状況が一変する。各種規制の撤廃で金利が低下し、金融経済の規模は再び拡大に転じたのだ。最大の受益者は金融業界、そして多額の金融商品を保有する富裕層だった。債務比率の拡大と所得格差が連動しているのはこのためで、こうした富の集中は米国のみならず世界共通の現象である。

　だが、債務比率の上昇に伴って世界経済の脆弱性は増している。実体経済に対する元利返済の割合が増大し、不況や金利上昇に対する抵抗力が弱まっているからだ。あの大恐慌も、景気が急減速するなかで債務返済の重みが増し、さらに経済が収縮する悪循環にはまったことが元凶だった。そしてその過程において、富裕層ほど痛手を被り、極端な所得格差が解消されていった。

いま米国の債務比率や所得格差は株価の上昇とともに拡大し、90年前の水準に戻っている。かつてあったことは今後も繰り返されるのだろうか。

✏️ 図2で示した所得格差の拡大は株価上昇がもたらしたものです。逆に言えば、株価が暴落したら所得格差は縮小することになります。

図3：株価上昇で貧富の格差は拡大する一方

（出所）World Inequality Database、ニューヨーク証券取引所

＜米所得格差と新興国の成長は連動…2019年2月26日号＞

1970年以降、上位1％層の実質所得は3・6倍に増加した。これに対し下位50％層の所得は3割しか増えていない（図3）。このため、上位1％層と下位50％層の所得格差は70年の26倍から、19年には70倍に拡大した。

この間、企業の労働生産性は2・5倍に増加しているが、その果実は下位50％を占める労働者層に還元されることはなかった。労働生産性と労賃の差額は企業収益となるので、それを反映した株価は長期に亘り上昇する。企業経営者など上位1％層の所得と株価が連動してきたのはこのためだ。

新興国の経済規模拡大と米国内の所得格差が連動していることも興味深い（図4）。これは海外への工場移転で潤ったのが上位1％層と新興国、割を食っ

たのが下位50％層だったことを物語る。

図4：4大新興国のGDPシェアと米国の所得格差倍率は連動してきた

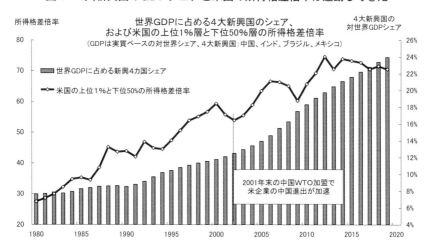

所得格差倍率

世界GDPに占める4大新興国のシェア、
および米国の上位1％層と下位50％層の所得格差倍率
（GDPは実質ベースの対世界シェア、4大新興国：中国、インド、ブラジル、メキシコ）

4大新興国の
対世界GDPシェア

■ 世界GDPに占める新興4カ国シェア

◆ 米国の上位1％層と下位50%の所得格差倍率

2001年末の中国WTO加盟で
米企業の中国進出が加速

（出所）国連、World Inequality Database

図5：19世紀前半は中国、インドの2カ国で世界GDPの半分近くを占めていた

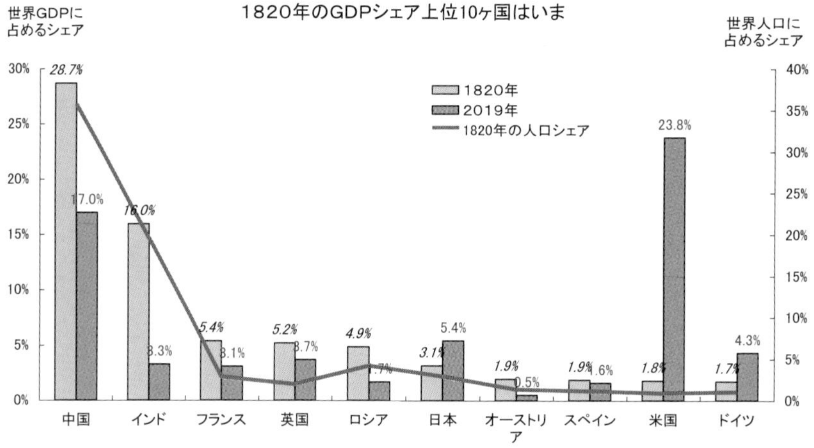

1820年のGDPシェア上位10ヶ国はいま

（出所）アンガス・マディソン「世界経済の成長史　1820-1992」、IMF

＜労働者層が割を食った米国の成長…2019年8月27日号＞

　世界の名目国内総生産（GDP）に占める米国のシェアは2002年の32％をピークに低下基調にあり、19年は24％にまで縮小した。一方、同期間におけるBRIC4カ国（中国、インド、ブラジル、ロシア）のGDPシェアは8％から22％に拡大し、米国と肩を並べる規模に成長した。

　トランプ米大統領がその在職中に掲げた「米国第一主義」の背後には、米国経済の相対的衰退に直面した焦りがあった。一連の流れは、01年末に中国が世界貿易機関（WHO）に加盟したことから始まった。以降、米国企業は国内工場を閉鎖し、人件費が安い中国など新興国に移転する動きを強めたのだ。その結果、米国企業の利益率は著しく改善し、株価も高値を更新する。また巨額の投資を受け入れた新興国経済も大いに潤った。

　これに対し、割を食ったのは米国の労働者層で、名目GDP（国民総生産）に対する雇用者報酬の割合は00年の57％から、一時は過去最低の52％台まで低下していた。そして、そのトレンドは世界GDPに対する米国のシェア低下と軌を一にしている。いわば、米国企業は収益追求のあまり、自国民を犠牲に新興国経済を育成してきたと言えよう。だが大局的に見れば、それは歴史

の必然なのかもしれない。200年前は中国やインドが世界の超大国だったの
だから（図5）。

1971年にドルと金の兌換は外れましたが、その後も世界の決済通貨と
してドルが使われてきたのは、73年以降、ドルが石油に裏打ちされた通貨に
なったからです（ペトロダラー体制）。

図6：ドル建てで決済される原油代金は米銀の資金繰りに貢献してきた

決済代金 単位
百万ドル／日

石油決済資金として使われるドルの上限、1日あたりの決済額
（世界の原油輸出量＋米国の石油生産量−米国の石油輸出量、
原油輸出額は全てドルで決済される前提）

米銀の預金総額に占める
石油代金の割合
単位％

棒グラフ：1日あたり決済額
折れ線：米銀預金に占める石油決済代金の割合

※ペトロダラー体制下では、原油代金は全額ドルで決済されるため、
石油輸出国が受け取ったドルは最終的には必ず米銀に還流する。
このため、米銀は常に一定割合の預金が流入することとなる。
しかも、原油が高いほど決済代金が増加し、
米銀の資金調達コストが低下することになる。

（出所）BP統計、FRB：Flow of Funds

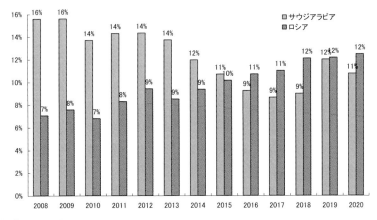

図7：中国の石油輸入先は人民元で決済可能なロシアにシフトしている

中国の石油・ガス輸入代金に占めるロシアとサウジのウエイト

（出所）Trade Map

＜米中対立の深層は元建て石油決済…2019年7月2日号＞

　1973年、米国とサウジアラビアとの間で、原油は全てドル決済とする合意がなされた（ペトロダラー体制）。金とのリンクを失ったドルが今も安泰なのはこのためだ。そして、この仕組みは米国に大きなメリットを与えてきた。その国が原油を輸入しても、その決済通貨はドルなので、最終的には必ず米銀に還流することになる。このため、米銀は労せずして低コストの預金が得ることが出来るのだ（図6）。20年はコロナ禍で大幅に減少したとはいえ、米国の内外で取引される原油の決済総額は年間1・1兆ドルもある。これは大手米銀の預金総額16兆ドルの約7％に相当し、原油価格が上がれば上がるほど、そのメリットは大きくなる。ちなみに石油価格が高騰していた08年はその割合が31％もあった。

そんなペトロダラー体制に風穴を空けたのが中国だ。ここ数年、ロシアからの原油は人民元建てで決済され、18年には人民元建ての原油先物取引所も開設された。そうなると、ロシアからの原油輸入に対してはドルを準備する必要がなくなり、その運用先としての米国債投資も圧縮される。20年の中国の原油輸入額は2675億ドルで、うちロシアからの輸入額は334億ドル（全体の12・5％）だった（図7）。

いまや中国の原油輸入先トップはサウジアラビアから人民元で決済されるロシアに移行した。世界の原油輸入総額（1・6兆ドル）の2％程度とはいえ、決済通貨がドルから人民元に置き換わった衝撃は大きい。米中貿易戦争の深層にはこの問題の存在があるのだろう。

こうした中、新興国の間では、外貨準備を米国債ではなく金にシフトする動きが強まっています。

図8：2008年以降、新興国の米国債離れ→公的金準備の積み増しが始まった

（出所）World Gold Council、FRB

＜米国債から金に移行するマネー…2019年4月9日号＞

2008年以降、米国債残高に占める海外投資家の割合は64％から36％に急

減している。この間、新興国では金備蓄を積み増す動きが強まり、世界全体の公的金保有量は09年3月の3・0万㌧から21年6月は3・5万㌧に増加した。リーマン・ショック以降、公的部門を中心とする世界の資金は、米国債から金にシフトしているのだ。筆者の試算では08年〜20年までの12年間に世界の金現存量は約2割しか増えていないが、米国債残高は3・7倍に膨張している以上、それは当然の流れだろう。

そして米国の衰退は経済以外の分野において顕著に表れています。

図9：米国の乳児死亡率は他の主要国とは大きく劣後する世界47位

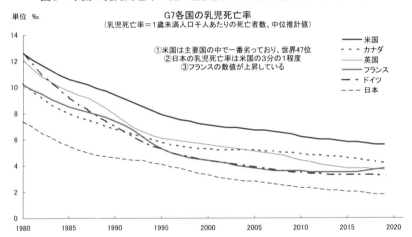

G7各国の乳児死亡率
（乳児死亡率＝1歳未満人口千人あたりの死亡者数、中位推計値）

単位 ‰

①米国は主要国の中で一番劣っており、世界47位
②日本の乳児死亡率は米国の3分の1程度
③フランスの数値が上昇している

米国
カナダ
英国
フランス
ドイツ
日本

（出所）世界銀行

図10：米国の平均寿命はG7各国では最下位、しかも他国との差は年々拡大

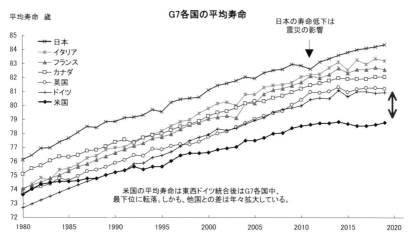

G7各国の平均寿命

平均寿命 歳

日本の寿命低下は
震災の影響

- 日本
- イタリア
- フランス
- カナダ
- 英国
- ドイツ
- 米国

米国の平均寿命は東西ドイツ統合後はG7各国中、
最下位に転落。しかも、他国との差は年々拡大している。

（出所）世界銀行

＜乳幼児死亡率に見る国家の弱体化…2019年4月16日号＞

　フランスの人口学者エマニュエルトッドは1970年代、ソ連の乳児死亡率が悪化している状況をみて、ソ連の体制崩壊を予言した。通常は下がり続ける乳児死亡率が上昇することは、経済の実情を示すうえで決定的な指標だというのだ。

　トッドに倣って各国の乳児死亡率を対比すると、米国の地位低下が注目される。ソ連とは違って悪化傾向にはないものの、その改善ペースは著しく緩慢で、乳児死亡率は世界47位というお粗末さだ（図9）。これに対し日本は74年に2位になり、その後も今日まで上位圏内を維持している。こうした米国のダメさ加減は平均寿命においても顕著で、世界47位（78・8歳）と日本（84・4歳）など他の先進国に大きく劣後している（図10）。

　各国とも平均寿命は通常、改善していくもので、米国もそれはあてはまります。しか白人の中年層に関しては死亡率が上昇する異変が生じています。

図11：海外への工場移転で失業した白人ブルーカラー層の死亡率が増加

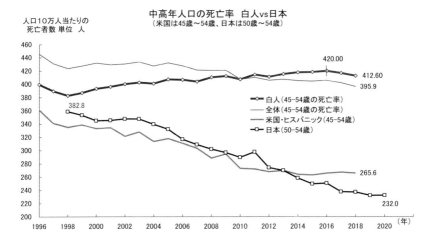

中高年人口の死亡率　白人vs日本
（米国は45歳～54歳、日本は50歳～54歳）

人口10万人当たりの
死亡者数 単位 人

- —◆— 白人（45-54歳の死亡率）
- —— 全体（45-54歳の死亡率）
- —— 米国・ヒスパニック（45-54歳）
- —□— 日本（50-54歳）

382.8
420.00
412.60
395.9
265.6
232.0

（出所）米国National Vital Statistics Reports（1998-2021年版、データは2018年が最新）、
厚生労働省　人口動態月報年数計（概算）の概況（各年版）

図12：コロナ禍以降、米国の銃乱射事件数は急増

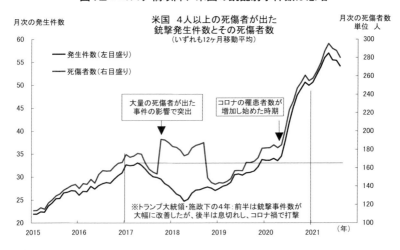

月次の発生件数

米国　4人以上の死傷者が出た
銃撃発生件数とその死傷者数
（いずれも12ヶ月移動平均）

月次の死傷者数
単位 人

- —— 発生件数（左目盛り）
- —— 死傷者数（右目盛り）

大量の死傷者が出た
事件の影響で突出

コロナの罹患者数が
増加し始めた時期

※トランプ大統領・施政下の4年：前半は銃撃事件数が
大幅に改善したが、後半は息切れし、コロナ禍で打撃

（出所）Gun Violence Arcives

＜コロナで再び銃犠牲者が増える米国…2021年8月3日号＞

　2015年秋、米プリンストン大学の論文が翌年の大統領選に大きな影響を与えた。それは米国の白人・中高年層（45歳〜54歳）の死亡率上昇に関するものだ。先進国では通常、どの年齢層だろうと死亡率（人口10万人あたりの死者数）は趨勢的に低下する。実際、日本や欧州はもとより、米国でも中南米系移民や黒人の死亡率は年々改善している。ところが米国の白人・中高年層だけは98年以降、死亡率が上昇していた（図11）。

　同論文によると、中高年層の死因はこれまで肺ガンが最多だった。それが98年頃から肺ガンによる死亡者が漸減し、代わりに薬物・アルコール中毒による死亡者が増加、11年から順位が逆転する。また自殺や肝炎による死亡者も大幅に増加し、中高年層の死亡率を押し上げた。内訳をみると、最終学歴が中高卒者の死亡率だけが急増しており、その背景には海外への工場移転に伴う労働者層の失業問題があった。

　そんな人々の支持を得て選出されたトランプ大統領は公約通り雇用問題に注力し、少なくとも最初の2年間は白人の死亡率は改善した。また世相が好転したからなのか、当初は銃乱射事件数も減少していた（図12）。それがコロナ禍を機に治安が悪化したことで、トランプ再選の芽が消えたのみならず、バイデン政権の前途にも暗雲を投げかけている。超大国・米国の病理は深刻だ。

第 5 章

中国経済の影響力はとても大きい

中国がWTO（世界貿易機構）に加盟したのは2001年12月のこと。以来、製造業の分野を中心に、世界経済に占める中国の存在感はとてつもなく大きくなりました。ここではそうした現状を図示します。

図1：中国の設備投資額は世界の4分の1以上を占める

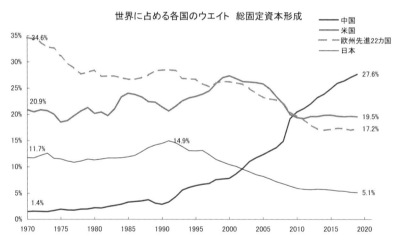

世界に占める各国のウエイト　総固定資本形成

（出所）国連

図2：中国の各種素材生産・消費シェアは世界の過半数、企業の債務シェアも急増

中国の民間企業債務および素材の消費生産・世界シェア

世界シェア

- 銅消費量
- 粗鋼産出量
- ニッケル消費量
- セメント生産量
- 民間債務シェア

（出所）米地質研究所（USGS）、World Metal Statistics、World Steel Association,国際決済銀行（BIS）

＜世界景気浮沈の鍵は中国が握る…2021年3月30日号＞

　中国の実質国内総生産（GDP、2019年）は世界の17%を占める。だが、それ以上に注目すべきは、GDPの構成項目である総固定資本形成（設備投資）の大きさで、10年以降、米国を抜いて世界最大の割合（28%）を占める（図1）。そしてその過程で設備投資に不可欠な原材料需要が増大し、中国のシェアは軒並み、世界の過半数を超えるに至った（図2）。

　例えば中国のセメント生産量も世界の54%を占めるが、同国が21世紀の19年間で使ったセメントは、米国が20世紀の100年間に消費した総量の8倍にあたる（図3）。また中国の銅消費量は世界の50%超で1920年代の米国（58%）以来の占有率だ（図4）。今や世界景気浮沈の鍵は米国ではなく中国が握っている。

図3：20世紀米国のセメント生産量累計は、いまの中国の2年分でしかない

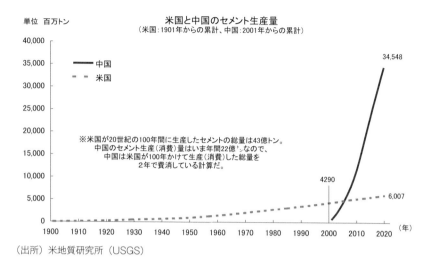

単位 百万トン

米国と中国のセメント生産量
（米国：1901年からの累計、中国：2001年からの累計）

※米国が20世紀の100年間に生産したセメントの総量は43億トン。
中国のセメント生産（消費）量はいま年間22億トンなので、
中国は米国が100年かけて生産（消費）した総量を
2年で費消している計算だ。

（出所）米地質研究所（USGS）

図4：中国の銅消費量シェアは1920年代の米国に並ぶ

米国と中国の世界に占める銅消費シェア

（出所）World Metal Statistics

図5：世界の輸入額に占める米国と中国とのシェアは接近している

世界の輸入額に占める各国のウエイト

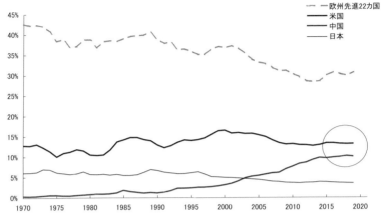

（出所）国連

図6：対中輸出依存度が大きい豪州、台湾、ブラジル、韓国

主要国の対中輸出依存度　この20年間の変化
（一国の輸出全体に占める中国向けの割合、12ヶ月移動平均）

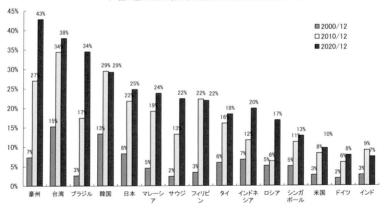

（出所）IMF

＜世界は米国より中国に依存している…2019年5月7日号＞

世界の輸入に占める中国の割合は急増しており、米国との差は縮小している（図5）。また主要国でも対中輸出依存度が高まっており、台湾や豪州では約40％に達している（図6）。さらに中国が最大輸出先という国は日本など約80カ国で、数は年々拡大している。これに対し、米国が最大輸出先の国は60カ国程度にとどまる。つまり、経済的には米国より中国を頼る国のほうが多いのだ。

中国が輸入相手国を増やすことが出来たのは、民間企業ではなく国家の力である。その目的は国際社会に対する影響力拡大だ。だが輸入相手国は同時に輸出相手国にもなるので、今日のように米国が貿易戦争を仕掛けてきても、経済への打撃は小さくなる。

かつての日本は対米輸出比率が30％前後もあり、対米貿易摩擦時の打撃は大きかった。これに対し、中国の対米輸出比率はおおむね20％以下で推移してきた。米国は中国に対し、政治経済などあらゆる面で圧力を強めている。だが実際には中国政府に「無理を言うのなら、米国との貿易は縮小しても構わない」と開き直られ、当惑しているのでないか。

第 6 章

中国のアキレス腱は巨額のドル建て借金

巨大な資源買い付け力をバックに世界に対する影響力を強めてきた中国ですが、その弱点は1・2兆㌦もある外貨建て債務の存在です。近い将来、中国は台湾に対し軍事力を行使するとの予測もありますが、もしそのようなことがあれば、ドルの調達が出来なくなり中国経済は破綻するはずです。石油など戦略物資の購入先である米国と戦争をした大日本帝国の例があるので絶対にないとは言い切れませんが…。

図1：リーマン危機以降、中国の民間債務増加額は世界の過半を占める

単位 兆ドル　　　　　2008年末以降の民間債務増加額

（出所）国際決済銀行（BIS）

＜世界を支えている中国の借金…2018年12月18日号＞

　米国の非営利団体、高層ビル・都市居住協議会（CTBUH）によると、高さ330㍍超の摩天楼は現在、世界で100棟あり、うち53棟が中国・香港にあ

る。さらに同国では現在（2021年）、建設中の摩天楼が51棟もある。

　高層ビル建設には大量の資材が必要だ。実際、昨年の中国のセメント消費量は22億㌧で世界の54%を占める。またニッケルの消費は世界の55%、銅は59%で、粗鋼生産量も世界の57%を占める（5章図2）。米国が20世紀中に消費したセメントの累計は43億トンだったが、米国が100年かけて築いた高層ビルやインフラは、今の中国では2年分の工事量でしかない（5章図3）。

　こうした急ピッチの投資を推進する原動力は借金である。BIS（国際決済銀行）によると21年3月末現在、中国の民間債務は36兆ドルで、米国（35兆ドル）を僅差で抜いて世界最大となった。しかも、その残高は2008年末からの12年間で31兆ドルも急増、その間の世界債務増加額（58兆ドル）の半数以上を中国一国が調達した計算だ（図1）。

　いま中国の「民間債務÷国内総生産」は220%で（図2）、89年のバブル崩壊直前の日本を上回る水準にある。

　だが、そんなハイペースで借り入れを続けることはできない。注目は、中国の債務比率や65歳以上人口比率の推移がバブル崩壊前後の日本と瓜二つなこと（図3、4）。中国は30年前の日本と同じ人口動態上の難局に直面しているのだ。だが大きく異なるのは、中国バブルが崩壊する時は全世界が共倒れとなるリスクがあることだ。

図2：中国の民間債務比率はバブル期の日本を上回る

主要国の民間部門債務比率
（債務比率＝「家計＋民間企業」÷名目GDP）

単位%

216.6
（94/7-9）

220.5

183

カナダ
フランス
中国
韓国
豪州
日本

（出所）国際決済銀行（BIS）

図3：中国の民間債務比率の推移はバブル前後の日本と瓜二つ

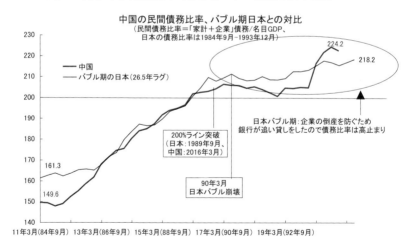

中国の民間債務比率、バブル期日本との対比
（民間債務比率＝「家計＋企業」債務／名目GDP、
日本の債務比率は1984年9月-1993年12月）

中国
バブル期の日本（26.5年ラグ）

224.2

218.2

200%ライン突破
（日本：1989年9月、
中国：2016年3月）

日本バブル期：企業の倒産を防ぐため
銀行が追い貸しをしたので債務比率は高止まり

161.3

149.6

90年3月
日本バブル崩壊

11年3月（84年9月）13年3月（86年9月）15年3月（88年9月）17年3月（90年9月）19年3月（92年9月）

（出所）国際決済銀行（BIS）

図4：高齢化の進行度合いも30年前の日本と同じ

全人口に占める65歳以上人口の割合

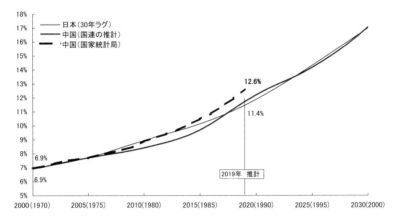

（出所）国連、中国国家統計局

図5：中国の「推定利払い額÷GDP」は米国の金融危機時と同水準

米国、中国、日本の民間債務・「推定利払い額/名目GDP」
（推定利払い額：民間債務残高×四半期末の各国10年債利回り、年率換算ベース）

（出所）国際決済銀行（BIS）、WSJ等より筆者が試算、データは2021年3月まで

＜1987年とよく似た米債券下落ペース…2021年3月23日号＞

　2008年末以降、米国の非金融部門・債務総額は27兆ドル（約3000兆円）も増加した。しかし同時に金利も低下したので、一国全体の利払い総額はGDP（国内総生産）比で3％弱と、過去の金融危機時（8％台）より小さい（**図5**）。

　それよりも心配なのは米国以上に債務を拡大した中国（38兆ドル）だ。その利払い比率は7・6％と過去のピーク時に匹敵する。米金利のさらなる上昇は中国にも波及し株価にも影響する。もし次の株価急落が起きるなら中国が震源地となる可能性があり要注意だ。

図6：中国の外貨準備は3・3兆ドルだが、民間の対外債務も1・2兆ドル

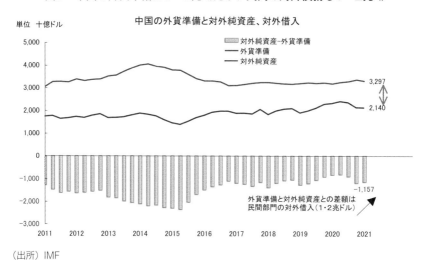

単位　十億ドル

中国の外貨準備と対外純資産、対外借入

凡例：
- 対外純資産−外貨準備
- 外貨準備
- 対外純資産

3,297
2,140

−1,157

外貨準備と対外純資産との差額は
民間部門の対外借入（1・2兆ドル）

（出所）IMF

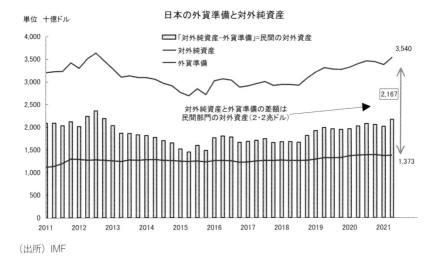

図7：日本は外貨準備1・4兆ㇰﾞﾙのほか、民間保有の対外資産が2・2兆ㇰﾞﾙもある

日本の外貨準備と対外純資産

単位 十億ドル

凡例：
- 「対外純資産−外貨準備」＝民間の対外資産
- 対外純資産
- 外貨準備

対外純資産と外貨準備の差額は
民間部門の対外資産（2・2兆ドル）

3,540
2,167
1,373

（出所）IMF

＜新型肺炎で国際金融危機の懸念も…2020年3月17日号＞

　いま中国の民間債務比率（民間債務総額÷名目国内総生産）は220％とバブル崩壊直後の日本より大きい。それだけに今後は、大手銀行が倒産した90年代後半の日本と同じ轍を踏む事態も有り得る。

　ただ当時の日本と違うのは、中国の金融危機は海外の金融機関を巻き込む恐れがあることだ。中国企業の債務は人民元建てが大半とはいえ、対外債務が1・2兆ㇰﾞﾙもある。外貨準備は3・4兆ㇰﾞﾙと潤沢ではあるが、対外債務との差額（対外純資産）は2・1兆ㇰﾞﾙ強に過ぎない（図6）。

　これに対し日本は、外貨準備は1・4兆ㇰﾞﾙと中国より少ないが、対外純資産は3・5兆ㇰﾞﾙもある。その差額（2・2兆ドル）が民間部門の対外資産ということだ（図7）。

🖋約30兆円の巨額債務を抱える恒大集団の経営危機ですが、先行きは90年代後半の日本と同じ経路を辿るように思います。但し潰れるのは大手銀行ではなく、共産党体制そのものかもしれません。なぜなら中国は90年代の日本にはない難問があるからです。

　普通の国なら一企業の破綻は他には影響が及びにくいですが、中国は企業と政府の一体感が強く、恒大集団の破綻は外貨を必要とする中国企業全体の資金繰り難に直結するからです。

　人民元の信用維持も問題となります。先進国の中銀は自国の国債を担保に通貨を発行しますが、中国人民銀行の資産は外貨準備が主です。つまり人民元はドルなど外貨の信用を裏付けとして発行されてきましたが、最近は民間銀行に対する貸出債権の比率が高まっています（**図8**）。GDPに占める不動産関連業の割合が約3割もある中、不動産市況が暴落するなら、こうした民間銀行向けの貸出債権は毀損し、人民元の信用も失われることになりましょう。ソ連は1917年の建国から74年で崩壊しました。1949年に建国の中国は、果たしてソ連以上に延命することが出来るでしょうか。

図8：人民元発行の裏付け資産の3割は民間銀行に対する貸出債権

中国人民銀行の資産内訳

第 7 章

日本経済の現状　GDPはじり貧

日本の名目GDP統計を項目別によくみると、97年以降は事実上、成長が止まっていることがわかります。

図1：日本のGDP、この24年間で増えた項目は政府消費と帰属家賃だけ

単位 兆円

項目別でみた名目GDP、97年以降の増減額
（1997/10-12と比べ、何が増えて何が減ったのか）

政府消費
名目GDP
帰属家賃
民間消費（帰属家賃を除く）
純輸出
総投資（住宅＋設備＋公共投資）

※この他、在庫投資
（マイナス2.6兆円）がある

（出所）内閣府

＜この20年で増えなかったGDP…2020年3月10日号＞

　名目GDPは長らく1997年10 〜 12月期がピークで、16年10 〜 12月期になって漸く、そのレベルを超えた。そこで97年10 〜 12月期と現在（21年4 −6月期）の名目GDP増減額を項目別に比較すると、次の特徴が浮かびあがる（図1）。1点目は政府消費が33兆円も増加したことだ。これは老齢化の進展で医療費負担が年々重くなっていることが大きい。2点目は総投資（住宅＋設備＋公共）が25兆円も減少していることだ。投資が上向かない限り、中

長期的な経済発展は望めない。

　3点目は、帰属家賃（持ち家について、借家と同じサービスが発生すると
みなす計算上の家賃）が8兆円も増えていることだ。97年以降の名目GDP増
加分は1兆円しかないが、バーチャルな消費でしかない「みなし家賃」を差
し引くと、実際の名目GDPは14年前より減少している。

　ここで「帰属家賃を除く家計消費の名目GDP比」（図2）、すなわちGDPに
占める"実体ある支出"の比率を見ると、現在は97年10−12月期を下回って過
去最低の水準だ。当時が名目GDPのピークだったことを考えると事態は深刻
だ。

図2：家計消費のウエイトは消費税増税以降、急減し、過去最低レベルにある

家計最終消費支出/名目GDP

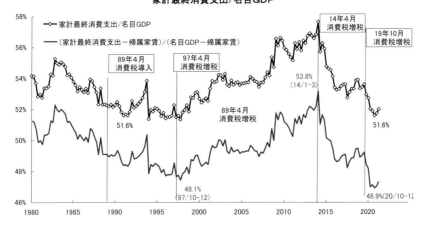

（出所）内閣府

　年間の名目GDP増減額と政府債務の増減額を比べると、94年以降、GDP
増減額が政府債務増加額を上回った年は2015年の1回だけしかありません。

図3：名目GDP増加額が政府債務増加額を上回ったのは1度しかない

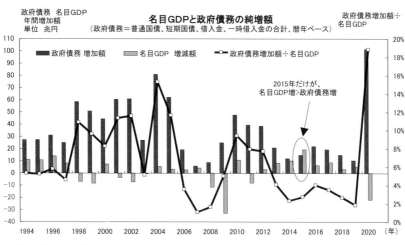

（出所）内閣府、日銀・資金循環統計

＜家計消費喚起へ消費減税も一考…2021年3月9日号＞

　政府は借金を原資に景気を下支えしてきた。特にコロナ禍に直面した昨年は102兆円（名目GDP比19％）も債務を増加させた（図3）。だが名目GDP増加額が政府債務増加額を上回ったことは94年以降、一度しかない。消費税増税の度に家計消費の割合が低下する以上、「消費税減税で消費増」という策に賭けるのも一考ではないか。どちらにせよ債務増は不可避なのだから。

　✒こうした経済の不振は、当然のことながら、一人一人の国民生活に大きな影響を及ぼしており、たとえば世帯主が使える「こづかい」はこの20年間で1/3に減少しています。

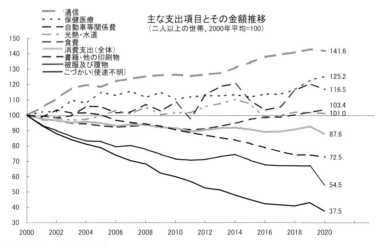

図4：家計消費、不要不急の消費が切り詰められている

主な支出項目とその金額推移
（二人以上の世帯、2000年平均=100）

凡例：
- 通信
- 保健医療
- 自動車等関係費
- 光熱・水道
- 食費
- 消費支出（全体）
- 書籍・他の印刷物
- 被服及び履物
- こづかい（使途不明）

141.6
125.2
116.5
103.4
101.0
87.6
72.5
54.5
37.5

（出所）総務省・家計調査報告

消費の不振、ひいてはGDPの不振の遠因は人口の高齢化です。

図5：家計消費全体に占める無職世帯の割合は3割もある

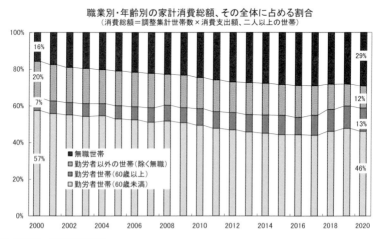

職業別・年齢別の家計消費総額、その全体に占める割合
（消費総額＝調整集計世帯数×消費支出額、二人以上の世帯）

凡例：
- 無職世帯
- 勤労者以外の世帯（除く無職）
- 勤労者世帯（60歳以上）
- 勤労者世帯（60歳未満）

16% → 29%
20% → 12%
7% → 13%
57% → 46%

（出所）総務省・家計調査報告

＜無職世帯の増加が示す消費不振…2019年3月5日号＞

　家計調査報告によると、2020年平均の消費支出額（二人以上の世帯）は、前年比5・3％の減少となった。00年以降では12％以上の減少で、それも不要不急の消費を切り詰めた上でのことだ（図4）。内訳をみると00年以降、書籍等が29％、被服及び履物が45％、そしてこづかいは63％！も減少した（月額21651円→8109円）。

　この他、交際費（49％減）や仕送り金（44％減）の削減率も大きい。一方、増えた費目は自動車等関係費（15％増）、保険医療（27％増）、通信（42％増）などの必需品。政府が携帯料金値下げを要請するのも当然だ。

　消費減少の一因は高齢化の進展とそれに伴う無職世帯の増加だ。当調査における職業別の支出額、平均年齢は「労働力調査の世帯分布に基づいて補正した」（総務省）数値、つまり日本社会の縮図である。それによると、世帯主の平均年齢は00年の52・8歳から20年は59．7歳に上昇し、無職世帯の割合も20％から35％に増加した。このため、消費総額に占める無職世帯の割合は16％から29％に増加する一方で、肝心な60歳未満の勤労者層は57％から46％に縮小している（図5）。人口動態の変化は恐ろしい未来を予見している。

✐2014年春の消費税増税によって実質的な可処分所得が減少し、このため生活防衛に駆られた主婦や高齢者の労働市場参加が促進されたように見えます。

図1：消費税を加味した「修正可処分所得」÷実収入は過去最低レベルにある

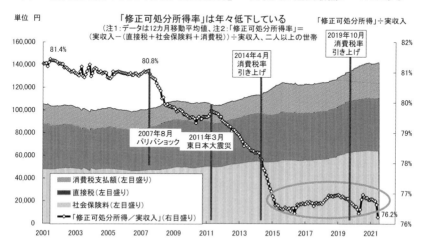

（出所）総務省・家計調査報告

＜消費税増税で増えた女性労働者…2019年8月20日号＞

　家計調査報告には、世帯の実収入額や消費支出額、非消費支出額（直接税＋社会保険料）などが記載されている。今回、非消費支出額に消費税負担額（消費支出額×税率）を加えたものを「修正非消費支出額」とし、実収入額に対する割合（修正可処分所得率）を計算した。2001年に81％だった同比率は、07～08年の国際金融危機、11年の東日本大震災、14年の消費税増税のたびに落ち込み、直近（21年6月）は過去最低の76％台だ（図1）。つまり、国民の購買力は18年間で5％ポイントも低下したことになる。

　分子にあたる「修正非消費支出額」をみると、08年1月から14年3月（14年4月の消費税増税以前）は約0・3万円の増加だったが、2度にわたる消費税増税後は悪化し、現在は08年1月比2・6万円の負担増だ（12ヶ月移動平均値）。他方、分母にあたる実収入額は、増税前はいずれ5千円弱のマイナスだったが、増税後の現在は08年1月比6・9万円の大幅増となった。

ではなぜ実収入額が増えたのか。これは増税による生活苦を克服すべく、世帯内の働き手が増えたからで、その主体は女性や高齢者だ。ひょっとして消費税増税の裏の目的は、生産年齢人口の減少に対処することだったのか…。

図2：家計可処分所得が最低限まで落ちたので主婦や高齢者が働き始めた

（出所）総務省・労働力調査、内閣府・国民経済統計

＜45歳未満の非正規雇用は減少…2020年9月8日号＞

　総務省の労働力調査で注目は、長らく低下していた労働参加率（15歳以上人口のうち、働く意志を表明している人＝労働力人口の割合）が2012年末頃から反転上昇していることだ。12年末以降、15－64歳の男性労働力は115万人も減少したが、同年齢層の女性は180万人増加し、さらに65歳以上の男女340万人以上が労働力として加わった。

　だが、なぜ12年末から労働参加率が上向いたのか。その理由は、①12年末からの円安・株高で景気が上向き、労働需要が増加したこと、②団塊の世代が65歳になり、定年後の雇用延長期間が切れて人手不足になったからだろう。

　また労働を供給する側にとっても、所得の減少で専業主婦や高齢者が働かざるを得なくなった面がある。家計の可処分所得と労働参加率が相関しているのはこのためだ（図2）。

✒️ 女性の労働市場参加増に伴い、食生活にも変化が表れています。

図3：肉と魚介類の消費量が逆転したのは女性の就業増が一因？

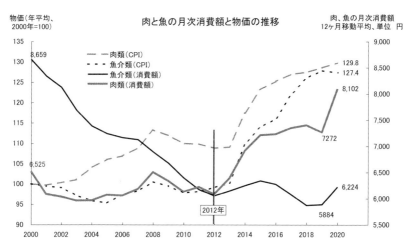

図4：肉類の消費量と女性の就業率増加には相関がある

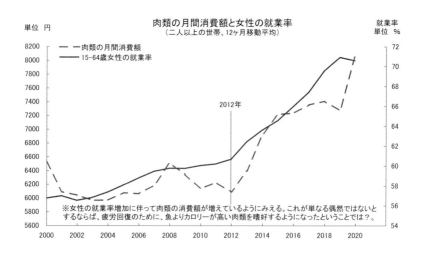

＜女性が働くと肉の消費が増える？…2018年12月4日号＞

　家計調査報告には衣食住のあらゆる支出金額が記載されている。興味深いことに、魚の消費額はずっと減っているのに対し、肉のほうは2013年から急増し消費額が逆転している（図3）。その理由として3つの仮説を立ててみた。

　一点目は消費者の嗜好の変化である。魚の消費額が趨勢的に減少している状況をみると、魚離れという傾向はありそうだ。だが、これは肉の消費額が13年から急増したこととは無関係だ。我が国では加齢とともに肉から魚に好みが変わると言うが、調査対象の二人以上の世帯主平均年齢は00年の52・8歳から直近（20年）は59・7歳まで上昇している。

　二点目は物価の上昇である。魚と肉を対比すると、13年以降は魚のほうが値上がり率が大きく、これが消費額の逆転要因となったとも考えられる。だが00年を起点にみると、肉の値上がり率のほうが魚より大きい。

　三点目は労働投入量の増加である。生産年齢人口層（15〜64歳）における女性の就業率は12年平均の61%から20年は71%に上昇し、それに伴って社会全体の労働投入量（労働時間×就業者数）が急増している。そうなると夕食は、魚よりも調理が簡単でカロリーも高い肉となりがちだ。だから労働投入量と肉の消費額が相関しているのではないか（図4）。

第 8 章

世界の株価は危険なまでに上昇している

世界の株価は量的緩和政策によって押し上げられています。ここではその実態について図示します。

図1：世界の株式時価総額・増加額は債務総額の伸びに連動

債務総額
単位 兆ドル

世界の債務総額と株価時価総額、
2009年以降の増加額

104.0

90.2

68.7

58.1

58.1

39.2

（出所）BIS、ブルームバーグ

＜長期金利上昇にもろい米国株…2019年3月12日号＞

　米国は基軸通貨国なのでドル金利の水準は世界中に影響が及ぶ。2009年以降、長らく金利低下局面が続いたので、世界の非金融部門の債務は104兆ドルも増加、世界の株式時価総額も90兆ドル増加した（図1）。

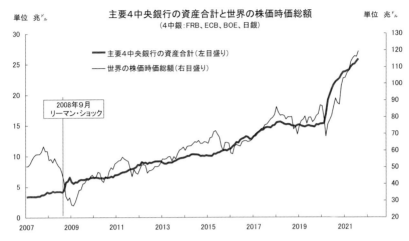

図2：世界の主要4中銀の資産総額と株式時価総額は連動

主要4中央銀行の資産合計と世界の株価時価総額
（4中銀：FRB、ECB、BOE、日銀）

単位 兆㌦

2008年9月
リーマン・ショック

主要4中央銀行の資産合計（左目盛り）
世界の株価時価総額（右目盛り）

（出所）日銀、ECB、FRB、BOE、ブルームバーグ

＜日米欧3中銀の総資産と連動する株価…2019年2月5日号＞

　2008年9月、リーマン・ショックが勃発した。これに対し、G20各国は総額500兆円にのぼる財政政策発動を決定、更にFRB（連邦準備制度理事会）は08年11月以降、巨額の米国債等の購入を行ってマーケットに潤沢な資金を供給した。その後、日銀やECB（欧州中央銀行）も追随して同様の政策を実施した。こうした政策協調が奏功して世界経済は回復、その指標としての世界株価指数も09年3月を底値に大きく上昇した（図2）。

　この間の推移を円ベースで見るならば、世界の株価時価総額は12年半で4・5倍の1・3京円になった。これに対し、FRBの総資産は4・4倍の1080兆円、ECBは4・1倍の900兆円、日銀は5・9倍の725兆円で、3行合計の資産規模は4・6倍（2700兆円）に膨張している。これは株価時価総額の増加率と同じペースであり、この12年半の株価上昇は主要中銀の資産膨張を投影していたにすぎない。

　だから新値更新を続ける米国株も、株価÷ベースマネーでみると横ばいにしかならない（図3）。逆に言えば、インフレの進行で量的緩和を続けられなくなった時点で世界の株価は失速しよう。それまでは企業業績とは無関係に

いつまでも株価が上がり続ける可能性がある。

株価は企業業績が良ければ上がるという思いこみがありますが、この十数年間に関しては量的緩和マネーの多寡で左右されてきたのです。

図3：高騰を続ける主要国株価だが、ベースマネーと対比したらほぼ横ばい

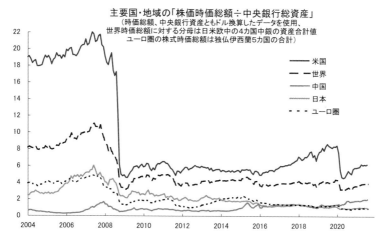

主要国・地域の「株価時価総額÷中央銀行総資産」
（時価総額、中央銀行資産ともドル換算したデータを使用、
世界時価総額に対する分母は日米欧中の4カ国中銀の資産合計値
ユーロ圏の株式時価総額は独仏伊西蘭5カ国の合計）

（出所）各国中央銀行、ブルームバーグ

図4：いわゆるバフェットレシオは空前の水準にある

米国　バフェットレシオ
上場企業の「株式時価総額/名目GDP」、
株式時価総額はADRを含まず

（出所）FRB・資金循環統計

　　　米年金基金のポートフォリオは8割以上が株・投信です。米国株のバリュ
エーションがいくら割高だとしても、政府は株安を放置することは出来ません。

図5：米国の企業年金、ポートフォリオに占める株・投信の運用比率は8割超

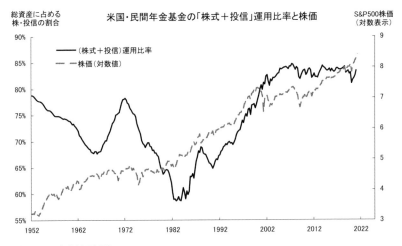

総資産に占める
株・投信の割合

米国・民間年金基金の「株式＋投信」運用比率と株価

S&P500株価
（対数表示）

（出所）FRB・資金循環統計

BIS（国際決済銀行）のレポートによると、2018年時点で、主要14カ国上場企業の1割強が売上げより利払い額の方が多い「ゾンビ企業」だそうです。超低金利に支えられた今ならその割合は2割以上になっていることでしょう。だとすると、金利上昇局面では企業倒産が続出し、金融パニックになることは必至です。

図6：主要14カ国の「ゾンビ企業」比率は上場企業の13％もある

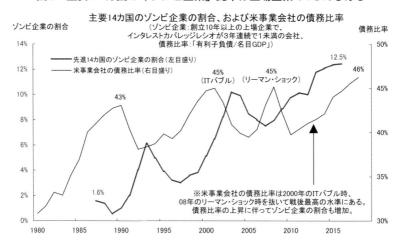

主要14カ国のゾンビ企業の割合、および米事業会社の債務比率
（ゾンビ企業：創立10年以上の上場企業で、インタレストカバレッジレシオが3年連続で1未満の会社、債務比率：「有利子負債／名目GDP」）

ゾンビ企業の割合 ／ 債務比率

― 先進14カ国のゾンビ企業の割合（左目盛り）
― 米事業会社の債務比率（右目盛り）

43%　45%（ITバブル）　45%（リーマン・ショック）　12.5%　46%

1.6%

※米事業会社の債務比率は2000年のITバブル時、08年のリーマン・ショック時を抜いて戦後最高の水準にある。債務比率の上昇に伴ってゾンビ企業の割合も増加。

（出所）BIS　注）インタレストカバレッジ・レシオ＝（営業利益＋受取利息＋受取配当金）÷（支払利息＋手形割引料）

一方、日本企業はバブル崩壊時の痛手が大きかったので債務削減に注力し、欧米企業よりも財務体質が良いようです。

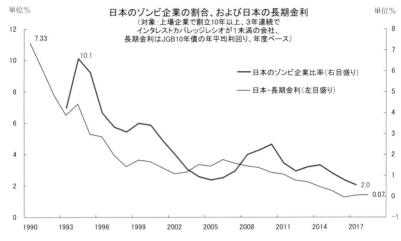

図7：バブル崩壊後の財務体質改善で日本企業のゾンビ比率は2％

日本のゾンビ企業の割合、および日本の長期金利
（対象：上場企業で創立10年以上、3年連続で
インタレストカバレッジレシオが1未満の会社、
長期金利はJGB10年債の年平均利回り、年度ベース）

単位％

日本のゾンビ企業比率（右目盛り）
日本・長期金利（左目盛り）

7.33
10.1
2.0
0.07

1990　1993　1996　1999　2002　2005　2008　2011　2014　2017

（出所）金融データソリューションズ社、日銀

＜スリムになった日本企業の財務体質…2019年1月15日号＞

　2018年9月、国際決済銀行（BIS）は「ゾンビ企業の勃興−その原因と結果」というレポートを発表した。そのなかで、創立10年以上でインタレスト・カバレッジ・レシオ（（営業利益＋受取利息配当金）÷支払利息割引）が3年連続で1未満の会社をゾンビ企業と定義。そのうえで、先進14カ国の上場企業4万社の中には、利払いもままならない倒産寸前の会社が12％もあり、米国では16％を超えると指摘する。80年代後半、その比率は米上場企業の2％だったが、金融緩和の長期化で今では6社に1社がゾンビ企業となった。

　そんな危うい会社の資金繰りを支えるのはレバレッジドローン（高債務企業向けの貸出）だ。英国中央銀行総裁が、サブプライムローンと同様の危険性を警告する当貸出の残高は1・6兆ドルに達する。ゾンビ企業を含む米事業会社の債務比率も戦後最高である。

　こうした借金漬けの欧米企業とは対照的なのが日本の事業会社だ。90年のバブル崩壊後はひたすら債務返済に邁進したことで、財務体質は強靱になってゾンビ企業の割合も2％しかない。もしも今後、金利上昇で株価が下げ続けるならば、欧米型のレバレッジ経営は否定され、スリムな日本企業に世界

の投資家の注目が集まるだろう。

第 9 章

日本株の現状と今後

バブル時の株価を振り返ってみました。

図1：80年代後半のバブル末期、日本株の時価総額は米国株の1・3倍もあった

日米の名目GDP比、および株式時価総額比
(ドル換算ベースのTOPIX時価総額÷ADRを除く米国上場企業時価総額、
2021年の時価総額比は3月末時点、2020〜21年の日米GDPはIMFの予測)

（出所）東京証券取引所、FRB：資金循環統計

＜株価世界一だったバブル期の夢と幻…2021年8月17日号＞

　1980年代末、東京の地価は山手線の内側だけで米国全土が買えるほど上昇していた。不動産が上がれば土地持ち会社の株価も上がる。当初は銀座などに資産を持つ会社が買われたが、そのうち東京湾岸に工場をもつ会社の株まで上がり始める。更にそんな「お宝」を探すべく、地図までバカ売れしたのだった。それは異常だと言う声もあったが、正論を聞いていたら他社との競争には勝てない。明日は今日よりも高いのだ。巷にはそんな心理が蔓延し、土くれが黄金に変わるという戯曲「ファウスト」の世界を地でいっていた。

88年には日本株の時価総額は米国株の約1・3倍に膨張し（図1）、世界一の株式市場となった。日本の名目GDP（国内総生産）は米国の6割程度だったにも関わらずだ。最後は民有地の時価総額が名目GDPの5・1倍、株式時価総額はGDPの2・1倍に上り詰めた末、バブルが弾ける。

　30数年後の今、日本の株式時価総額は米国株の1割程度に落ち込み、しかもその比率は年々低下する一方だ。未公開株を含む時価総額は一時、89年の水準を上回ったが、GDP比では及ばない。民有地の時価総額も13年以降は上向いているが、未だ90年の半値以下にとどまる。

　　日本株の値上がり率が劣っているように見えるのは、物価が上がらないからであって、株価をCPIで割った「実質株価」は欧州を大きく凌駕し、米国と遜色がない上昇率です。

図2：物価を考慮した実質株価でみると日本株の上昇率は欧州を大きく凌駕

日米欧の株価をCPIで割り引いて対比すると…
（リーマンショック時の安値である2009年2月を100として対比）

（出所）米労働省、Eurostat、総務省、ブルームバーグ

＜日経平均は89年の高値に接近？…2019年9月24日号＞

　視点を変えて株価をみると、これまでとは違った景色が見えてくる。日米欧の株価を物価で割り引いて対比すると、日本株のパフォーマンスは米国と

遜色がない。リーマン・ショック後の安値である2009年を起点に「実質株価」（株価÷消費者物価指数）をみると、日本株は4倍近くも上昇しており、米国株の上昇率とそれほど変わらない（図2）。つまり日米の株価格差とは両国の物価格差に他ならないということだ。これに対し、長らく低迷が続く欧州株は何か構造的な問題を抱えているようにみえる。それはおそらく、デリバティブなどに入れ込んだ大手銀行に起因する問題だろう。

図3：これまで日経平均の上昇をリードしてきた主力銘柄がブレーキに

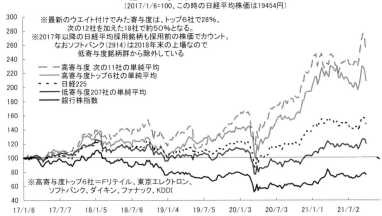

日経225　そのウエイト別のパフォーマンス
（2017/1/6=100、この時の日経平均株価は19454円）

（出所）東証

＜日経平均の強気とTOPIXの弱気…2019年6月14日号＞

　日経平均は、指数を算出するうえで一部の値嵩銘柄にウエイトが偏っており、寄与度が大きい6銘柄（ファースト・リテイリング、東京エレクトロン、ソフトバンクG、ダイキン、ファナック、KDDI）の値動きで指数の3割相当分が変動する計算だ。実際、その6社の株価を指数化すると17年以降、約2倍に上昇した計算となる（図3）。次に寄与度が大きい12社を加えた18社では、指数の変動率は5割に達する。つまり、日経平均を上下させようと思えば、225社を売買するのではなく、18社に資金を集中させるのが効率的だ。

　だが、ここにきて日経平均に対する寄与度が大きい6社のパフォーマンス

に陰りが出ている。というのは、寄与度1位のファーストリテイリングと同3位のソフトバンクGの株価が共に年初来2割以上も下落しているからだ。その理由の一端は中国絡みの影響だ。なかでもソフトバンクGが投資した先の含み益の多くを占めるアリババ株の下落は痛手で、両社の株価は連動している（図4）。

図4　日経平均への寄与度が大きいソフトバンクG株価はアリババ株次第？

（出所）ブルームバーグ

日本株のアップダウンは外国人投資家（ヘッジファンド）次第の側面がありますが（**図5**）、その外国人投資家の売買動向には奇妙な季節性が見受けられます（**図6**）。

図5　昨年10月以降、ガイジン買いが復活すると同時に株価も上昇

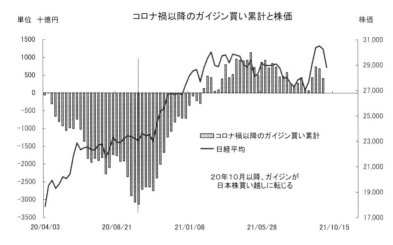

（出所）東証

図6：毎年3月9月の第4週に外国人売りが集中するのはなぜ？

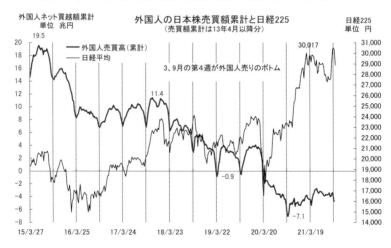

（出所）財務省

＜外国人の日本株売りは3月末と9月末…2019年3月19日号＞

　日本の株価は外国人の売買動向次第の側面がある。その主体はヘッジファンドだと思われるが、彼等は昨年10月以降、それまでの売り越しから買い越しに転じた（図5）。ファイザー社の対コロナワクチン開発のニュースが発表されたのはその1ヶ月後のことだ。

　その外国人投資家の売買動向だが、例年3月9月の第4週に日本株売却を集中させてきた（図6）。理由は定かでないが、そうしたリズムがあることを知っておいて損はない。

　✒️図5ではガイジン買いの復活が株価を押し上げたことを示しましたが、場外取引を含む財務省の対内株式投資統計をみると、ガイジンは日本株を大きく売り越したままです。例えば2021年8月下旬から9月上旬にかけて日経平均は3000円も高騰、その原動力はガイジン買いだとされてきました。

　実際、証券取引所を通じた売買統計である東証のデータをみると、8月23日〜9月10日の3週間で6600億円の買い越しです。また財務省の統計でも同期間に5700億円の買い越しですから、それほど違いはありません。

　しかし9月13日〜24日の2週間分のデータでは、東証が3200億円の売り越しなのに対し、財務省は1兆3800億円の売り越しというように大きな違いがあります。マスコミはガイジン買いと囃しますが、その裏で全取引額の3割を占めるとも言われる場外取引で、外国人は大量に売り抜けている現状があります。

図7 ガイジンの週次売買高累計、財務省統計では今も大きく売り越し

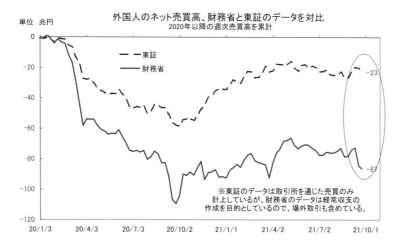

外国人のネット売買高、財務省と東証のデータを対比
2020年以降の週次売買高を累計

単位 兆円

※東証のデータは取引所を通じた売買のみ
計上しているが、財務省のデータは経常収支の
作成を目的としているので、場外取引も含めている。

（出所）財務省、東証

一方、株式先物市場にも奇妙なアノマリーがあります。

図8：日経平均先物は16時半に買って翌朝6時に売るべし

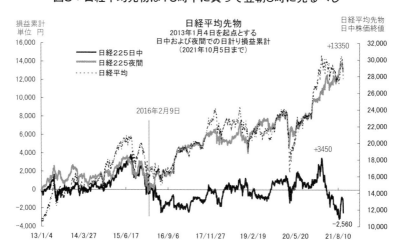

日経平均先物
2013年1月4日を起点とする
日中および夜間での日計り損益累計
（2021年10月5日まで）

損益累計
単位 円

日経平均先物
日中株価終値

日経225日中
日経225夜間
日経平均

2016年2月9日

+13350

+3450

−2,560

（出所）ブルームバーグ

＜日経平均先物は夜間に上昇する…2021年1月5日号＞

　いま株式取引全体の85％がコンピューターの自動売買（AI取引）だという。AIは将棋等で意表をついた打ち方をするらしいが、株式投資においてもそれは同じで、市場参加者の裏を搔いて空売りを誘い、その買い戻しを梃子に株価を押し上げてきた。

　そんなAI投資の典型が日経平均先物取引だ。同先物の取引時間は8時45分〜15時15分（日中）と16時半〜翌朝6時（夜間）に分かれる。ここで日中と夜間に分けて、始値で買って終値で売る取引を毎日繰り返した場合、この8年8ヶ月間の累計損益は日中が▲2560円、夜間が＋13350円となる（図8）。同じトレードを2021年の年初から始めた場合も、日中が▲4230円、夜間が＋3450円となる計算だ。

　これは、現物株の売り圧力に晒されない夜間の日経平均先物は、日中より値上がりする可能性が高いからなのだろう。同じことはS&P500の先物でもあり、NY時間で下げても、東京やロンドン時間でリカバリーすることが多いという検証結果がある。

　次に個別株についてみると、大きな株価下落があると相場の中心銘柄が変わる様子がわかります。よく山火事があると植生が変わるといいますが、それは相場の世界も同じなのです。それはなぜかというと、暴落後に株価全体が戻る局面において、それまでの人気株は戻り売り圧力が強く、伸び悩みます。それに対し、今まで不人気だった株はそうした抵抗に遭うことがないからです。

図9：リーマンショック前は鉄鋼株など重厚長大銘柄が主役だった

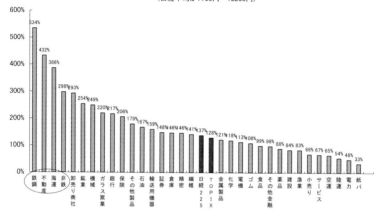

2003/4/25-2007/7/18の東証業種別・株価騰落率
（日経平均が7700円→18238円）

（出所）東証

図10：アベノミクス期は、以前の好パフォーマンス銘柄群が下位に沈む

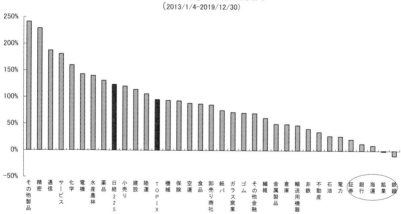

「アベノミクス期」の業種別騰落率
（2013/1/4-2019/12/30）

（出所）東証

図11：2021年は重厚長大銘柄群が表舞台に復帰

2021年初からの騰落率

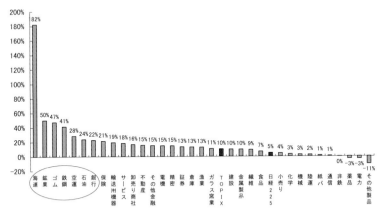

（出所）東証

＜日本製鉄と村田にみる長期の相場循環…2019年2月19日号＞

　2003年4月から07年6月にかけて平均株価は2・3倍に上昇。その中心は鉄鋼、海運、非鉄といった重厚長大産業だった（図9）。だが、その後はリーマン・ショックや東日本大震災で株価は再び8千円台に沈んでしまう。低迷する市場を浮上させたのは、いわゆるアベノミクスによる円安や日銀の量的緩和政策だった。平均株価は12年9月の9千円割れから、コロナ禍直前の20年1月は2・4万円台まで上昇した。この間の相場の主役は重厚長大産業から化学や精密、電機に取って代わり、鉄鋼や海運、非鉄は騰落率ワーストの座に追いやられていた（図10）。だがコロナ禍を機に重厚長大株の時代が復活しつつあり、21年の業種別の騰落率上位はアベノミクス時代に低迷していた業種が大半だ（図11）。

　またハイテク株と重厚長大株には長期の相場循環が存在する。その象徴は村田製作所と日本製鉄の相対株価（個別株価÷TOPIX）である（図12）。奇しくも両社の相対株価は過去3度も天井と大底のタイミングが一致している。更に注目はその過程で平均株価が暴落していることだ。

　いま日本製鉄株も底入れした感があるが、村田製作所のピークはまだ確認

できていない。今回はたぶん、2022年の2月前後に平均株価がピークアウト
し、次に株価がクラッシュした後から重厚長大株の本格的復活が始まるので
ないか。

図12：日本製鉄と村田製作所の株価に「天底一致」が出現したら嵐の前触れ？

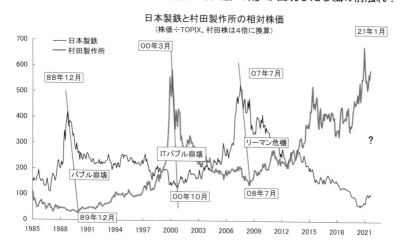

日本製鉄と村田製作所の相対株価
（株価÷TOPIX、村田株は4倍に換算）

（出所）東証…筆者の盟友、山岸徳人氏の着想をもとに作成

第 10 章

量的緩和策で疲弊する日本と欧州の銀行

1989年のバブル末期、日本株の時価総額上位10社のうち7社が金融株でした。それが今では見る影もありません。

図1：金融株の時価総額ウエイトはピーク時の5分の1に低下

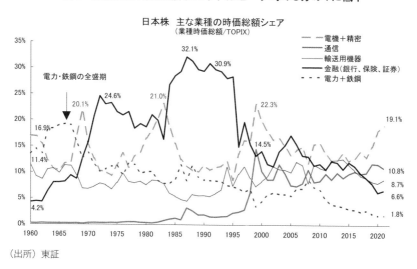

日本株　主な業種の時価総額シェア
（業種時価総額/TOPIX）

電機＋精密
通信
輸送用機器
金融（銀行、保険、証券）
電力＋鉄鋼

電力・鉄鋼の全盛期

16.9%
20.1%
24.6%
21.0%
32.1%
30.9%
22.3%
14.5%
19.1%
11.4%
10.8%
8.7%
4.2%
6.6%
1.8%

（出所）東証

＜主力商品が不振、金融株の30年…2019年6月25日号＞

　金融株はさえない展開が続いている。2017年末から21年9月末にかけて、TOPIX（東証株価指数）の時価総額が12%上昇したのに対し、銀行株は▲31%、証券株も▲16%下落している。市場全体に占める金融株のウエイトも直近は1963年以来、58年ぶりに6％台に低下した（図1）。1980年代後半には同比率が32%もあって、東証時価総額上位10社中、7社が銀行、証券だったことを思えば隔世の感がある。

金融株の存在感が低下した原因は、バブル崩壊に懲りた民間部門（家計＋非金融企業）が債務圧縮に動いたからだ。バブル崩壊後の10数年間、金融株の時価総額ウエイトと「民間の銀行借入額÷名目GDP」の低下が連動していたことはその証左だ（図2）。

　しかし08年のリーマン・ショック以降は銀行貸出が増加しており、直近の「民間の銀行借入額÷名目GDP」はバブルのピーク時を超えている（図2）。ところが金融セクターの時価総額ウエイトはかえって低下する有様だ。株式市場はコロナ禍後の不良債権増加を懸念しているのだろうか。

図2「銀行貸出÷ 名目GDP」はバブルのピークを超えたのに株価は低迷

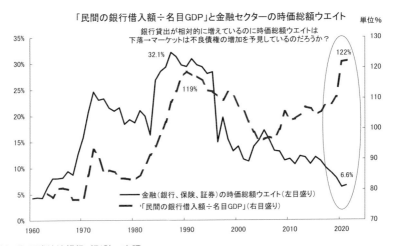

「民間の銀行借入額÷名目GDP」と金融セクターの時価総額ウエイト　単位%

（出所）国際決済銀行（BIS）、東証

　🖋金融株下落の主因は金利低下に伴う長短スプレッドの低下→利ざやの縮小です。量的緩和政策の常態化で、銀行の融資機能を通じて国内投資に向かうべき預貯金は海外に流出し、国内経済は疲弊の度合いを強めるばかりです。さりとて、長期金利が上がったら今度は財政破綻の危機に陥るわけで、日本経済は二進も三進もいかない袋小路に入ってしまったかのようです。

図3：リーマン・ショック時の株価安値を下回った銀行株は47 行もある

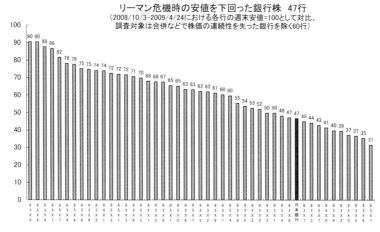

リーマン危機時の安値を下回った銀行株 47行
（2008/10/3−2009/4/24における各行の週末安値=100として対比、
調査対象は合併などで株価の連続性を失った銀行を除く60行）

（出所）ブルームバーグ

図4：量的緩和政策で長期金利が低下し、利ざやが縮小した銀行株は長期低落

相対銀行株価

日本 長短スプレッドと相対銀行株価
（相対銀行株価＝東証銀行株指数／TOPIX、2014/1/4=100）

長短スプレッド
単位％ポイント

相対銀行株価（左目盛り）
長短スプレッド（10年債−1年債）（右目盛り）

長短スプレッド・ゼロライン

（出所）財務省、東証

103

＜銀行株下落が示す資本主義の末路…2019年9月17日号＞

　全国の上場地銀77行のうち、2021年3月期の決算で減益は33社、赤字は3社だった。こうした惨状は株価にも反映されている。筆者の調べでは、メガバンクを含む上場銀行（09年以降、合併などで連続性を失ったものを除く）60行中、リーマン・ショック時の安値を下回る銀行は47行に上り、うち16行は半値未満に沈んでいる（図3）。09年3月の日経平均株価が7000円台だったことを思うと、株主の打撃は大きい。

　かくも株価が下落した主因は、13年からの量的緩和政策で銀行の利ざやが縮小したことが一因だ。長短金利差の縮小に伴って銀行株指数（相対ベース）が下落している様は鮮明だ（図4）。だが20年3月のコロナ禍以降、利ざやの拡大にもかかわらず株価が上向かない状況をみると、マーケットはもっと別の不安要因を懸念しているのだろうか。

　筆者が思うに、その不安要因は3点あって、1点目はリーマン・ショック後の国内貸出が不動産関連に偏っていること、2点目は中小企業金融機関におけるリスク資産（海外証券、投信、株式）へのウエイトが高まっていること、3点目は大手邦銀の急激な海外展開の一方で、有事の際のドル調達不安が拭えないことです。

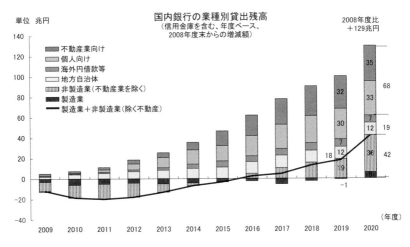

図5：広義の不動産向け融資は08年度以降、68兆円も増加した

（出所）日銀

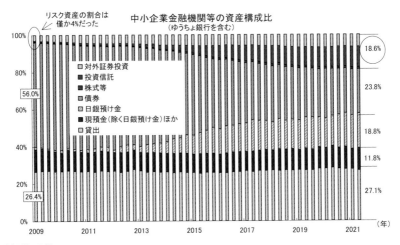

図6：中小企業金融機関等が保有するリスク資産の割合は全体の2割弱もある

（出所）日銀

＜銀行が背負った2つの過大リスク…2019年11月19日号＞

　長期に亘る利ざやの縮小で日本の預金取扱機関は2つの過大リスクを背負ってしまった。一つ目は不動産貸出への傾倒である。日銀によると、国内銀行（含む信金）の貸出残高は2008年度末からの12年間で129兆円増加した（図5）。年率2・0％の伸び率だ。同期間における名目GDP（国内総生産）は年率0・3％増なので、貸出はその6倍超のペースで増えた勘定だ。

　注目はその内訳で、不動産業向けと個人向けを合わせた「広義の不動産関連貸出」が68兆円と、増加額全体の半数以上を占めている。コロナ禍発生以前の19年度はその比率が62％もあった。製造業や非製造業（不動産を除く）向け貸出は18兆円しか増加しておらず、残りも地方自治体向けや円借款だった。

　それがコロナ禍の発生で、事業会社の間で資金を確保しようという動きが強まり、製造業や非製造業（不動産を除く）向けの貸出は20年度は前年比24兆円も増加した。

　二つ目は、ゆうちょ銀行など中小企業金融機関等のリスク資産（「株式、投信、対外証券投資の合計」÷総資産）のウエイトが、09年の4％から直近は19％に拡大したことだ（図6）。これだと、株価や為替が急落した場合、自己資本が毀損する銀行等が続出してしまうだろう。

　とはいえ、リーマン・ショック後の積極的な株式投資が奏功し、高い自己資本比率を誇る信用金庫があることも事実です。中小の金融機関がヘッジファンド化するのは違和感がありますが、長引く低金利で利ざやが縮小し、従来通りの経営をしていては赤字になってしまう以上、仕方がないとも言えましょう。しかし投資の世界に打って出るには、マニュアル通りを是とする伝統的な銀行員とは違った感性が必要です。

　筆者は資産運用業務は情報処理産業だと考えています。そのためにはまず広範に情報を集めることが必要ですが、情報は証券会社からタダでもらえると思っている金融機関もあるようで、新聞や雑誌等は真っ先に経費削減の対象となることが多いのです。それに業務時間中は日常業務に追われ、そういっ

たものをじっくり読む時間はありません。

　そこで筆者は現役時代、内外の新聞や雑誌、ネット等から幅広く情報を収集し、そのポイントをまとめて、皆に読んでもらいたい資料を作成していました。週刊エコノミスト誌の連載「グラフの声を聞く」はそこから派生したものです。

　近い将来、同じような情報をネットで発信しようと思いますので、ご期待ください。

　さて2013年からの量的緩和政策で海外への資金流出が激化しました。これは円安、株高を加速したので一見、良いことのように思えます。しかし設備投資など国内に投じられるべきお金＝富が海外に流出し、日本の国力を衰退させる結果となっています。

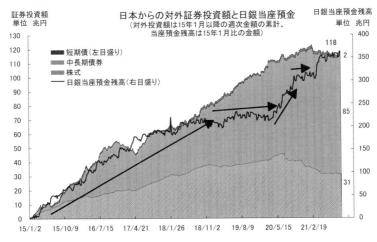

図7：2013年からの量的緩和政策は海外への資金流出を促した

（出所）財務省、日銀

<100兆円の円高爆弾で1ドル＝80円も…2020年1月14日号>

　先物を使えば時価総額500兆円近い日経平均株価といえども、ごく僅かな資金で指数を左右することが出来る。これに対し、一日1兆㌦以上の資金が

動くドル円市場は巨大で、マーケットを操作することは難しい。そんなドル円の中期チャートは長らく保ち合い形状が続いており、上下いずれかに大きく動くエネルギーが蓄積されている。

2013年からの円安進行過程で巨額の対外証券投資が行われた（図7、図8）。そんな海外投資を推進したのは巨額の日銀・当座預金増加だ。

海外発の金融危機が日本にも波及した07年〜11年は、株安に伴ってドル円も大幅な円高に振れている（図9）。日本の機関投資家が外債・外株を損切りする過程で、外貨を円に代えたからだ。そんな潜在的な円高要因である証券投資額が15年以降だけで116兆円もある。このため海外発の株・債券の急落が起きるなら、一旦は1ドル80〜90円に戻るような円高も有り得よう。だがその後は、邦銀・海外拠点のドル不足で一気に円安に戻る事態も想定しておきたい。後述の2020年3月のドル円相場がその事例である。

2012年秋以降、公的年金のリスク資産（外貨建ての株、債券や国内株）は144兆円も増加し、いまや全体に占めるその割合が7割超もあります。公的年金は以前、国債での運用が主体の保守的な運用に徹していましたが、13年から資産配分を大胆に変更し、リスク資産の運用ウエイトを拡大しました。

その後は今日まで円安と株高基調が続いているので、その方針変更は正しかったようにみえます。しかし巨額の資金をもつ公的年金が買ったからこそ、円安と株高となった側面は否定できません。

図8：2013年以降、公的年金が保有するリスク資産は142兆円も増加した

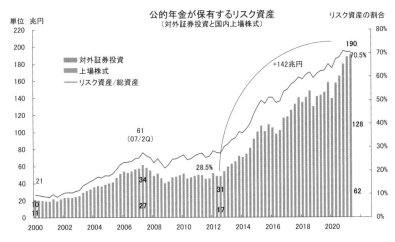

（出所）日銀・資金循環統計

図9　金融危機等で海外株安になれば、国内に資金が戻り円高になってきた

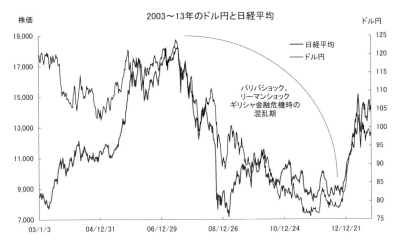

（出所）ブルームバーグ

2005年から20年末にかけて、ドイツなどの欧州勢が対外投融資残高を縮小するなかで、邦銀（信託勘定経由の証券投資を含む）は、1・3兆㌦から5・0兆㌦に拡大し、世界最大の規模になっています（**図10**）。特に13年4月から本格化した日銀の量的緩和政策に伴って対外投融資の増加ピッチは拡大し、この7年半の増加額は約2兆㌦にもなります（**図11**）。

　注目は邦銀の投融資仕向け先で、米国とケイマン島向けが1・3兆㌦と全体の3分の2を占めます。ケイマン島向けの投融資は課税回避目的なので、その大半が実質、米国向けだと思われます。13年4月以降の日銀の総資産増加額（量的緩和額）約7兆㌦（725兆円）のうち、約2割が米国に流出したということでしょう。

図10：邦銀の対外投融資残高は一本調子に増加

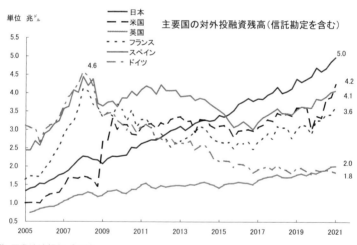

単位 兆㌦

凡例：日本／米国／英国／フランス／スペイン／ドイツ

主要国の対外投融資残高（信託勘定を含む）

（出所）国際決済銀行（BIS）

図11：邦銀の対外投融資先は米国とケイマン島向けが大半を占める

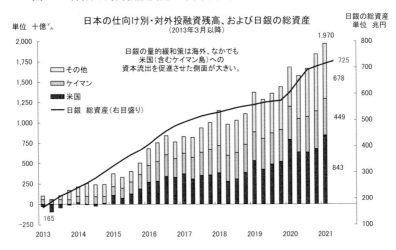

（出所）国際決済銀行（BIS）

先に「邦銀・海外拠点のドル不足で一気に円安に戻る事態もありえる」
（108ページ）と書きましたが、2020年3月のドル円相場がその事例です（図
12, 図13）。

図12：20年3月末、米国株安と同時に円安が進行→邦銀のドル調達難？

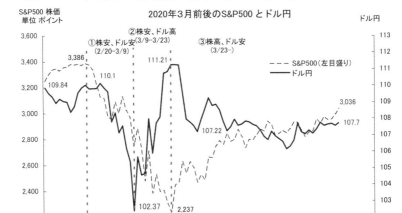

（出所）ブルームバーグ

ドル借入額
単位 十億ドル

2000年3月前後の米株価と海外中銀のドル借入額

S&P500 株価
単位ポイント

ドル不足に陥った日本や
欧州の銀行がドル資産を得るべく、
米国株や債券を投げ売り

見かねたNY連銀が
日銀等にドルを貸したので
株価下落が止まる

その他（左目盛り）
ECB（左目盛り）
日銀（左目盛り）
S&P500（右目盛り）

3,386

2,237

448

3,036

79

143

226

（出所）ニューヨーク連銀

＜3月危機を救ったFRBマネー…2020年6月16日号＞

　コロナ禍の蔓延でパニックに陥った2020年2月下旬〜3月下旬のNY金融市場だが、米国株とドル円の動きで次の3つの局面に分類される（図12）。最初は2月20日〜3月9日の局面で、株価下落に伴ってドル円は110円台から102円台に急落する。過去の米国株暴落時は、本邦投資家の外国証券売却で円高ドル安になるのが常であり、今回も同じだった。

　だが3月10日〜23日の局面は従来とは異なり、株価が急落する中で為替は102円台から111円台に進む。これは外銀のドル貸し渋りに直面した邦銀等が、為替市場でコストが嵩む円売りドル買いを行ったからだろう。この局面における株安の加速は、ドル需要の逼迫で銀行間金利が上昇したことや、米国株等を売却してドルを得ようとしたからではないか。

　そんなドル調達難→株安の悪循環を断ち切ったのは、FRB（米連邦準備制度理事会）が3月19日に開始した海外中銀向けのドル資金貸与だった（図13）。以後、為替は落ち着きを取り戻し株価も回復する。

　ここで注目は、日銀がFRBマネーの50％（2260億ドル＝24兆円）を使用したことだ。これはそれだけ邦銀のドル調達難が深刻だったという証だ。邦銀

の対外投融資残（5・0兆ドル）は2015年に英国を抜いて世界一となった（図
10）。だがコロナ禍の影響で、今後も邦銀のドル調達に不安が残るのだとし
たら、その生殺与奪の権はFRBに握られたも同然だ。

　　邦銀・海外拠点のドル調達は主に米銀から短期資金を借りる形で行われ
ます。しかし金融危機時の場合はその調達が難しくなります。筆者は邦銀は
戦線を拡大し過ぎてしまったように思います。NY連銀がドル資金を貸与して
くれる間は良いですが、その供給が途絶えたら、外為市場で日本円を売って
ドルを調達するしかありません。その場合は円安が止まらなくなるリスクが
あるのです。

　　（欧銀の苦境）
　　ここまで邦銀の現状について書きましたが、株価をみる限り、欧州の大
手銀行は邦銀以上の苦境にあるようです。

図14：リーマン・ショック以降、日本とユーロ圏の銀行株はほとんど上がらず

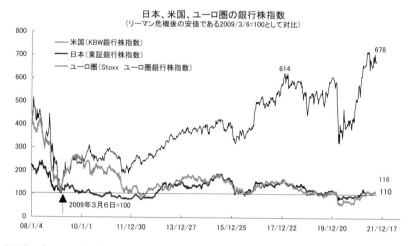

日本、米国、ユーロ圏の銀行株指数
（リーマン危機後の安値である2009/3/6=100として対比）

（出所）ブルームバーグ

<銀行株下落が示す資本主義の末路…2019年9月17日号>

　邦銀以上に深刻なのは欧州の大手銀行株である。リーマン・ショック時の安値をつけた09年3月の各国銀行株指数を100とすると、米銀が678，邦銀と欧州の銀行株はともに116，110といった具合に低迷が続く（図14）。邦銀の場合、大手銀行の株価は比較的堅調なのに対し、欧銀は大手銀行ほど下落度合いがきつく、ドイツ銀行75、伊ウニクレジット、クレディ・スイス55といった具合にメタメタだ（図15）。

　いまマイナス金利化した債券は世界全体で17兆㌦あるというが、その殆どは日本や欧州の国債だ。銀行の稼業とは貸金に利息をつけて返してもらうこと。だが日本や欧州ではその前提が崩れているわけで、銀行株の低迷は資本主義経済の黄昏を暗示しているかのようだ。

図15：欧州の主要銀行株は軒並みリーマン・ショック時の安値を下回っている

（出所）ブルームバーグ

　欧州金融界の苦境を示すデータとして、次の2つのグラフも参考になるでしょう。

図16：各国の金利収斂が示す欧州の経済統合の度合い

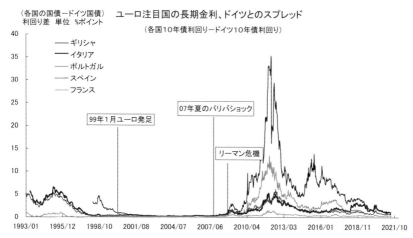

（出所）ブルームバーグ

図17：イタリアの銀行からドイツの銀行に預金の預け替えが起きている

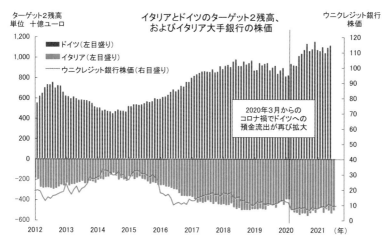

（出所）ドイツ連銀、イタリア中央銀行、ブルームバーグ

＜南欧からドイツへ預金流出が加速…2021年9月14日号＞

「十二の星の冠をかぶった女は子を宿しており、産みの苦しみと悩みとのために泣き叫んでいた。（中略）女は男の子を産んだが、彼は鉄のつえをもってすべての国民を治めるべき者である。」（新約聖書・黙示録12章）。

1999年1月、欧州11カ国の共通通貨ユーロが発足し、そのシンボルとして12星旗が定められた。しかしその後の欧州は、聖書の記述通りの苦難が続いている。

99年1月のユーロ発足からしばらくの間、各国の国債利回りは並んでいた（図16）。これは通貨統合の実現で国債信用度が同じだと見なされていたからで、その幻想は07年8月、仏パリバ銀行の巨額損失表面化で崩れる。その後、リーマン・ショック、ギリシャ危機と波乱が続く中で、南欧とドイツの国債利回り差が拡がっていった。

これに対し、欧州中央銀行（ECB）は南欧の国債を買い上げ、欧州理事会もEU（欧州連合）の共同債発行を通じて、南欧諸国に補助金を配分する仕組みを打ち出した。こうした施策が奏功し、各国の利回り差は落ち着きを取り戻しつつある。

だが ECBを間に挟んだ各国中央銀行間の貸借残高（ターゲット2勘定）をみると、昨年3月のコロナ禍以降、南欧からドイツへの預金流出が加速していることがわかる（図17）。いまイタリア中銀はECBに0・5兆ユーロ（約65兆円）の債務があり、ドイツ連銀は1・1兆ユーロ（約140兆円）の債権を持つ。イタリア大手銀行の株価に連動する形でその差が拡がっているのは実に興味深い。

気になるのは引用した聖書の後半部分、「鉄のつえをもって…」という箇所です。経済危機を機に、欧州各国は政治統合も果たし、鉄の杖をもった独裁者が君臨すると読めるからです。黙示録が書かれたのは2000年前。これに対し、12星旗が定められたのは22年前のこと。穿った見方をするならば、欧州の苦境は当初のシナリオ通りなのかもしれません。

第 11 章

株価急落をもたらす長期金利上昇

✒ 87年以降、長期金利が一定のゾーンまで来ると株価が急落してきました。

図1：米10年国債利回りが10年移動平均に接近すると株価は急落してきた

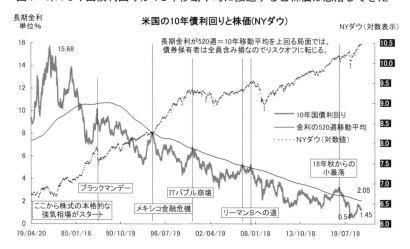

（出所）FRB

＜米長期金利を動かす中国…2019年12月3日号＞

　1981年以降、米長期金利が520週（10年）移動平均に近づくたびに株価は暴落してきた。87年のブラックマンデー、00年のITバブル崩壊、08年のリーマン・ショック、そして18年秋の株価暴落がその事例である（図1）。

　520週移動平均とは、米長期債をほぼ毎週、継続的に購入する機関投資家の平均コストなので、その水準以上になると機関投資家は含み損を抱えることになる。実際、長期金利（3・2％）が10年移動平均（2・5％）を上回った

18年10月に、大手米銀は自己資本の2・6％相当額の含み損を抱えていた。これは08年の金融危機時と同レベルの損失だったので、各金融機関は一斉にリスク資産を縮小し、それが同年12月のクリスマス暴落を引き起こしたのである。

　翻って現在、10年移動平均が2・0％なのに対し、長期金利は1・6％程度だ。まだ余裕があるように見えるが、このところの物価上昇率（21年7月は5・4％）をみると、安心は出来ない。たとえば70年代の長期金利は常に物価を後追いしてきたからだ（図2）。

　また米国ほど明確ではないが、日本でも10年国債が520週（10年）移動平均を超えた時点で株価が調整してきたことは注目される（図3）。

図2　70年代の長期金利はインフレを後追いしていた

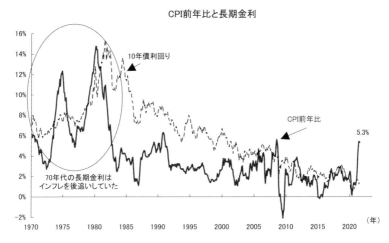

CPI前年比と長期金利

（出所）FRB、米労働省

図3　日本でも10年債利回りが10年移動平均を超えると株価が下落してきた

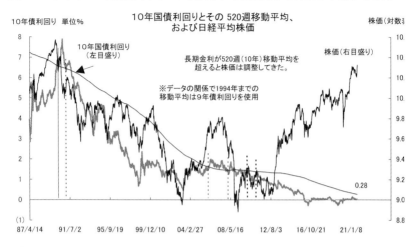

（出所）財務省

　金利をみる上で、もう一つ大切なのは低格付け社債（ジャンク債）と国債の利回り差（信用スプレッド）です。株価がピークを打つ前には信用スプレッドが拡大することにご注意ください。信用スプレッドの動向は米セントルイス連銀の各種経済統計集（FRED）にグラフとデータが出ています。

　　https://fred.stlousfed.org/series/BAMLH0A3HYC

　もう一つ、米10年債利回りなど各国の金利水準を知りたい場合は、ウォールストリートジャーナル電子版HPにあるマーケットデータをご覧下さい。

　　https://www.wsj.com/market-data?mod=nav_top_subsection

　このページでは金利水準のみならず、為替、株価、商品のリアルタイムデータを無料でチェックできます。

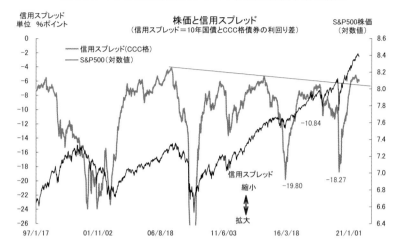

図4：ジャンク債の信用スプレッド拡大は株価下落の前兆

株価と信用スプレッド
（信用スプレッド＝10年国債とCCC格債券の利回り差）

（出所）セントルイス連銀

ジャンク債の信用スプレッドがどうなるかは石油価格が鍵を握っています。

図5：石油が下落すると信用スプレッドが拡大する

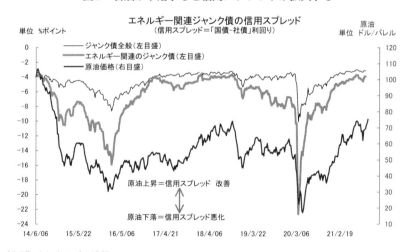

エネルギー関連ジャンク債の信用スプレッド
（信用スプレッド＝「国債−社債」利回り）

（出所）セントルイス連銀

✒️原油下落→ジャンク債の信用スプレッド拡大→株価の下落というパターンがあるのです。今のように原油が上がりすぎるとインフレが懸念されますが、原油が急落する場合もまた、投機筋が打撃を被るなど厄介なのです。因みにリーマン証券の破綻は原油の投機に失敗したことも一因だったと言われています。

図6：リーマン・ショックも石油の下落が引き金を弾いた

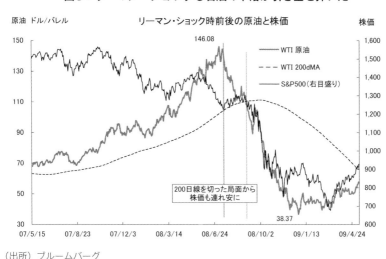

（出所）ブルームバーグ

＜原油相場が示唆する米国株の調整…2021年9月7日号＞

　米国株が連日、高値を更新するなか、コロナ禍後の過剰流動性相場を牽引してきた商品の一部は失速している。例えば昨年3月の安値から今年5月にかけて5倍に急騰した木材先物はいま、ピーク比7割も暴落。景気のバロメーターとされる銅も5月上旬から8％安だ。資源国通貨であるカナダドルや豪ドルも5月高値からそれぞれ数％下落している。

　では今年5月以降、商品相場等が下落しているのはなぜか。これは中国の景気鈍化もさることながら、米連邦準備制度理事会（FRB）が、市場から余剰資金を吸収（リバースレポ）する事実上のテーパリング（量的緩和の縮小）を行っていることが一因だ。

商品市場の規模は小さく、例えば米原油先物の建玉時価総額は1480億ﾄﾞﾙ（約16兆円）で、米国株時価総額（51兆ﾄﾞﾙ）の0・3％でしかない。このためマネーの増加ピッチが鈍化するとすぐに影響を受けてしまうのだ。

　過去は原油が200日移動平均線を割ると株価も急落してきた。2008年のリーマン・ショック（図6）や18年秋の調整局面がその典型である（図7）。原油は上がり過ぎても困るし下がり過ぎても困る厄介な代物なのだ。その原油の200日線はいま64ﾄﾞﾙ前後だが、このラインを下回ると、米国株は失速する可能性があり要注意だ。

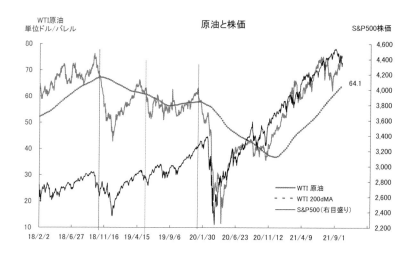

（出所）ブルームバーグ

第 12 章

金利が上がると相場はどうなるのか

では金利が上がると世界経済はどうなるかを考えてみましょう。最初のグラフは過去100年以上に亘る米国の債務比率（債務総額÷名目GDP）と長期金利の推移をみて、その関係を考察したものです。

図1：1982年の金利自由化（レーガノミクス）以降、債務比率と金利は逆相関

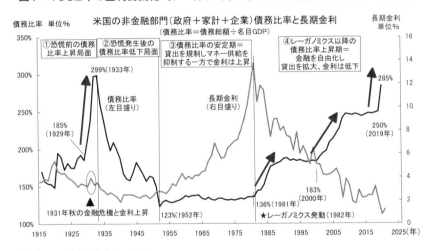

米国の非金融部門（政府＋家計＋企業）債務比率と長期金利
（債務比率＝債務総額÷名目GDP）

債務比率 単位％

長期金利 単位％

①恐慌前の債務比率上昇局面
②恐慌発生後の債務比率低下局面
③債務比率の安定期＝貸出を規制しマネー供給を抑制する一方で金利は上昇
④レーガノミクス以降の債務比率上昇期＝金融を自由化し貸出を拡大、金利は低下

299%(1933年)
債務比率（左目盛り）
185%(1929年)
長期金利（右目盛り）
285%
250%(2019年)
1931年秋の金融危機と金利上昇
123%(1952年)
136%(1981年)
183%(2000年)
★レーガノミクス発動（1982年）

1915　1925　1935　1945　1955　1965　1975　1985　1995　2005　2015　2025(年)

（出所）アメリカ歴史統計、FRB

＜大恐慌に学ぶ債務積上げの限界…2020年10月27日号＞

　今年上半期、世界各国の名目国内総生産（GDP）は落ち込み、その埋め合わせで非金融部門（政府、企業、家計）の債務総額は急増、その結果、債務比率（債務総額÷GDP）は空前の水準に達した。なかでも米国の同比率は株価崩落のたびに上昇し、今や1933年を上回る（図1）。そうなると僅かな金利上昇でも影響は大きい。長らく低金利が続いたことで多額の債務を積み上

げることが出来たが、もはやその限界が近づいている。

十干十二支やコンドラチェフのサイクルは実は金利のサイクルでもあっ
たのです。因みに中国では古来、60年サイクルのことを元と呼び、最初の60
年期を上元、次の60年期を中元（お中元の語源です）、次の60年を下元と称
しました。その３つのサイクルを経ても存続出来たなら、それは目出度いこ
と。だから大三元は役満なのです。

図2：60年周期の金利サイクルはコンドラチェフサイクルと一致

（出所）イギリス歴史統計、アメリカ歴史統計

図3：19世紀末の英国はデフレからインフレに移行した

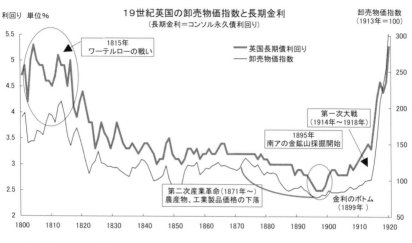

（出所）イギリス歴史統計

＜世界債務2京円で迎える金利上昇…2019年12月24日号＞

　米国（1830年までは英国）の長期金利ピークは約60年ごとにつけており、いずれも戦争や動乱が関係している（図2）。ナポレオン戦争や南北戦争、第一次大戦やイラン革命がその要因だ。これに対し、金利底打ちの時期ははっきりしない。金利反転のきっかけも1941年（太平洋戦争）は明らかだが、1824年はよくわからない。

　問題は1899年である。19世紀後半は1871年から始まる第二次産業革命の影響で生産力が上昇し、物価も金利も傾向的に低下した（図3）。それが19世紀末から金利が上昇に転じたのはなぜか。二つの説がある。

　一つは通貨供給量に着目するもので、南ア等で有力な金鉱が操業を開始した影響を重視する。当時は金本位制なので、中央銀行の金準備増加に伴い、通貨供給量が増加、物価も上昇したという。一方、コンドラチェフなど景気循環論者は、技術革新や人口動態など複数の要因が超長期サイクルを上向かせたとする。金鉱の発見自体、こうした技術の成果だというのだ。

　来年は1981年の米長期金利のピークから41年目にあたり、相場サイクル的にはいつ金利が反転してもおかしくない時期にある。だが19世紀末と状況

が異なるのは、総額２・４京円に達する債務残高の規模だ。ここで金利が上昇するなら世界経済は大混乱に見舞われよう。

コロナ禍によるサプライチェーンの混乱とそれに伴う物価上昇で、2022年からは金利が本格的に上昇する可能性が高まっています。では1899年からの金利反転で当時の株価はどうなったのか。結論から言えば下がりました（**図４**）。20世紀前半は飛行機や自動車、電話といった夢のハイテク製品が実用化され、生産が拡大した局面なのに（だから金利が上昇）、株価は天井打ちしていることは要注目です。

図4：1899年は各種ハイテクが開花したのに金利上昇で株価は下落

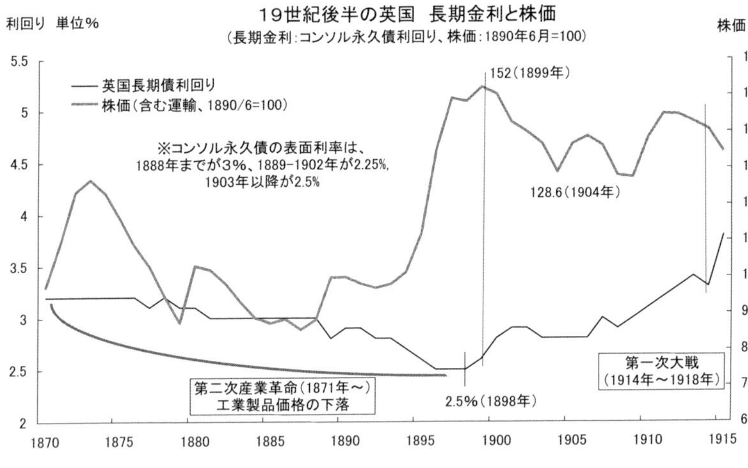

19世紀後半の英国 長期金利と株価
（長期金利：コンソル永久債利回り、株価：1890年6月=100）
利回り 単位%
株価
英国長期債利回り
株価（含む運輸、1890/6=100）
※コンソル永久債の表面利率は、
1888年までが3%、1889-1902年が2.25%、
1903年以降が2.5%
152（1899年）
128.6（1904年）
2.5%（1898年）
第二次産業革命（1871年〜）
工業製品価格の下落
第一次大戦
（1914年〜1918年）
5.5
5
4.5
4
3.5
3
2.5
2
160
150
140
130
120
110
100
90
80
70
60
1870
1875
1880
1885
1890
1895
1900
1905
1910
1915

（出所）イギリス歴史統計

20世紀初頭といっても、120年も前のことなのでピンとこないかもしれません。そこで直近のインフレ局面である70年代の長期金利と為替、金の動向をみてみましょう。78年はインフレに無為無策の米国をみて海外マネーが米国から逃げ出しました。このため未曾有のドル安が進行し（**図5**）、カーター大統領は日本や西ドイツと共に、ドル防衛策を打ち出すまでに追い込まれています（カーターショック）。

図5：カーター政権下の米国は急激なインフレでドルの信認を失いかけた

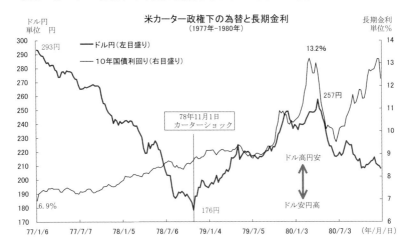

（出所）ブルームバーグ

図6：1970年代のインフレ時、金は物価に連動する形で乱高下した

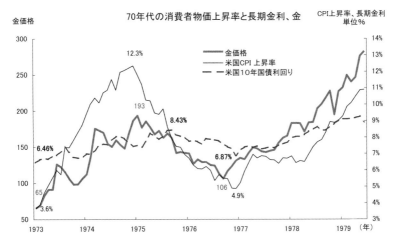

（出所）米労働省、ブルームバーグ

＜ドル安と金上昇が止まらないリスク…2021年4月20日号＞

　2020年8月には2000㌦を超えた金だが、米長期金利の上昇に伴い、今年3月に一時1700㌦を割り込んだ。だが金は本来、金利上昇＝インフレに強い資産で、70年代後半の値動きはその証明だ。

　カーター政権が誕生した77年1月、米長期金利は6・9％、為替は1㌦293円、金は1トロイオンス132㌦だった。それが78年10月末には長期金利が8・7％、為替は176円、金は225㌦になってしまう（図5）。海外投資家が米国の前年比二桁増の物価上昇（図6）と経常赤字拡大を嫌気し、ドルを売って究極の通貨＝金を選好する動きを強めたからだ。

　急激なドル安に危機感を抱いたカーター政権は、日本などと協調してドル買い介入を行うと同時に、公定歩合を1％引き上げた（カーターショック）。その結果、為替は一日で5％もドル高となって底打ちしたが、金や金利の上昇はその後も収まらない。米政府のマクロ経済運営を投資家が不安視したことがその要因だ。

　翻っていま、バイデン政権は数兆㌦規模の経済対策を行おうとしている。財源は主に米連邦準備制度理事会（FRB）の国債購入だ。だが78年当時、海外勢の米国債保有割合は約2割だったが、今は約4割もある。外国人が米当局への信認を失えば、ドル安と金利、そして金上昇が止まらなくなるリスクは40数年前より大きい。

　バイデン米大統領、数兆㌦規模の大盤振る舞いをしても、FRBが買い支えるので金利は上がらないと楽観しているようです。しかしカーター大統領の時代は、物価を後追いする形で金利が上昇してきたわけで、今回もそうなる可能性が高いと考えるべきでしょう。

第 13 章

大恐慌期の株価と金利、為替

✍ 次は大恐慌期の各種相場について振り返ってみましょう。

11章図1では、長期金利が10年移動平均線に接近すると、株価が急落してきたことを示しましたが、あの1929年の株価暴落も長期金利の上昇がきっかけでした。

図1：1929年の株価暴落は長期金利の上昇が引き金を弾いた

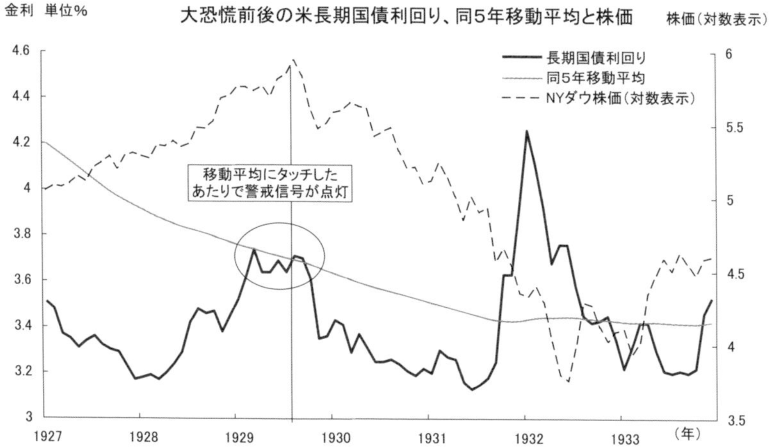

金利 単位%　　　　　　大恐慌前後の米長期国債利回り、同5年移動平均と株価　　　　株価（対数表示）

（出所）FRB:Banking & Monetary Statistics 1914-1941

✍ 株価が急落した後に長期金利が低下したのは現在と同じです（**図1**）。でも1931年5月に起きた金融危機が原因で、大不況下の最も金利を上げたくない時期に金利が上がってしまいました。その結果、それまでの大不況が大恐慌に変質してしまったのです。

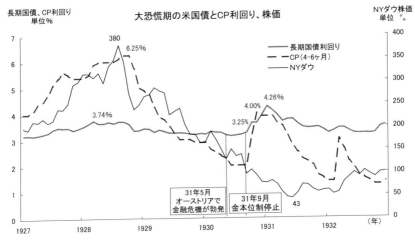

図2：当初は長短金利とも低下→31年の金融危機→金利上昇で致命的打撃

大恐慌期の米国債とCP利回り、株価

長期国債、CP利回り
単位%

NYダウ株価
単位 ドル

（出所）FRB:Banking & Monetary Statistics 1914-1941

株価の暴落で国債の利回りは低下しましたが、金融環境悪化のバロメーターともいえる低格付け債の利回りはずっと上昇し続けていました。そしてついにある日、臨界点を迎え、国債の利回りも上昇してしまいます。それが歴史の教科書にも記載される「金本位制停止」と呼ばれる一大事件でした。

図3：低格付けの社債利回りはいち早く上昇し、国債利回りも耐えきれず上昇

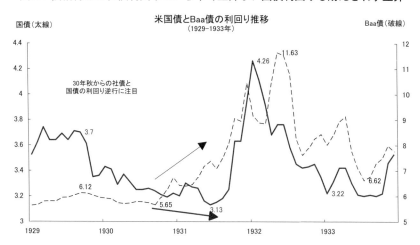

（出所）FRB:Banking & Monetary Statistics　1914-1941

＜大恐慌時の金利上昇が示唆するもの…2019年8月6日号＞

　1931年5月、オーストリアの大手銀行が倒産し、ドイツにも金融危機が飛び火した。英国はこの両国に多額の投融資を行っていた。それを不安視した諸外国はポンドを金に兌換する動きを強めたので、英国の金準備は枯渇する。そこで英国は同年9月、金とポンドの交換停止と同時に公定歩合を引き上げて、ポンドの防衛を図った（金本位制停止）。

　基軸通貨国の利上げに各国とも追随したので、金融危機下の最も金利を上げたくない時期に全世界の金利が上昇してしまう。それが30年代の大不況を「大恐慌」にした元凶だった。

　この間の金利変動には2つの特徴を見出せる。1点目は短期金利は29年のピークを抜いていないのに、長期金利はあっさり突破したことだ（図2）。一旦、金融危機が発生すると、長期金利はそれまでの金利低下幅以上に上昇してしまうのだ。

　2点目は格付けによる債券利回り格差が拡大したことだ。低格付け債の利回りは株価暴落後にじりじり上昇していたが、金本位制停止後はさらに急騰し、最悪時には国債との金利差が8％にもなった（図3）。またパニック時に

は低格付け債の買い手が不在となるので、こうした債券を大量に保有する金融機関の資産は更に悪化する。今もそんな金融機関は多いが、来るべき危機時のダメージは30年代の比ではあるまい。

次は為替と信用スプレッド（国債と低格付け債の利回り差）の関係をみてみましょう。

図4：信用スプレッドの悪化で為替（当時の基軸通貨ポンド）も急落

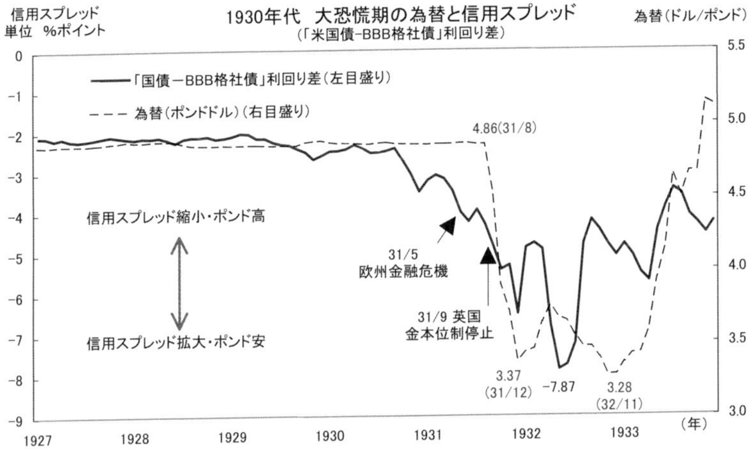

信用スプレッド
単位 %ポイント
1930年代　大恐慌期の為替と信用スプレッド
（「米国債-BBB格社債」利回り差）
為替（ドル/ポンド）
「国債－BBB格社債」利回り差（左目盛り）
為替（ポンドドル）（右目盛り）
4.86(31/8)
信用スプレッド縮小・ポンド高
信用スプレッド拡大・ポンド安
31/5
欧州金融危機
31/9 英国
金本位制停止
3.37
(31/12)
−7.87
3.28
(32/11)
0
-1
-2
-3
-4
-5
-6
-7
-8
-9
5.5
5.0
4.5
4.0
3.5
3.0
1927
1928
1929
1930
1931
1932
1933
（年）

（出所）FRB:Banking & Monetary Statistics 1914-1941

＜下げ止まらない欧州銀行株…2020年5月26日号＞

「1929年の株価暴落当時、それが恐慌の始まりだと判っていた人は殆どいなかった。一般の人が恐慌を意識し始めたのは1年後だ」（高橋亀吉：大正昭和財界変動史）。

あの大恐慌を深刻にしたのは31年5月の中欧金融危機だった。この地域に多額の投融資を行っていた英国を諸外国は不安視。ポンドを金に兌換する動きを強め、英国の金準備は枯渇する。そこで英国は同年9月、ポンドと金の交換を停止すると同時に、公定歩合を引き上げて通貨防衛を図った。基軸通貨国による利上げは瞬時に世界に波及し、為替も株も債券も総崩れとなる（図4）。

もう一つ、1930年代の金融経済で興味深いのは、消費者物価指数と長期
金利が逆の動きをしていることです（**図5**）。

図5：31年秋は物価が下落する中で金利が上昇していた

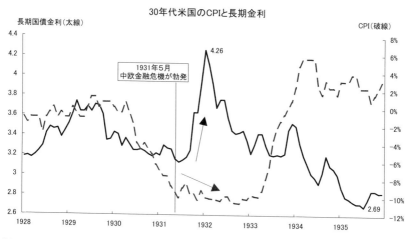

（出所）FRB:Banking & Monetary Statistics 1914-1941

では個別の株価はどのような動きをしたのかを見てみましょう。

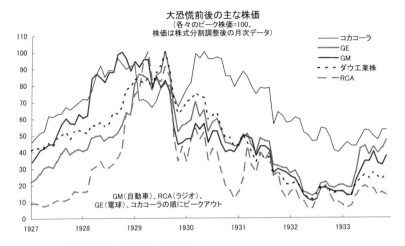

図6：20年代は高額商品を扱う業種順に株価がピークアウト

大恐慌前後の主な株価
（各々のピーク株価=100、
株価は株式分割調整後の月次データ）

コカコーラ
GE
GM
ダウ工業株
RCA

GM（自動車）、RCA（ラジオ）、
GE（電球）、コカコーラの順にピークアウト

（出所）Forbes誌（1928年〜1934年の各号）

＜長短金利逆転は株価急落の前兆…2019年4月23日号＞

　1930年代の大恐慌はその直前に逆イールドとなっていた。これは株式ブームの最中にあって、信用取引をするための資金需要が増大し、短期の市中金利が高騰していたからだ。これに対し長期金利は、その時すでに景気後退の予兆が表れていたので、あまり上昇しなかったのである。

　例えば自動車の生産台数は、29年3月のピークから株式市場絶頂期の9月にかけて3割も落ち込んでいる。これは生産性の上昇に対し賃金の上昇が追いつかなかったからで、大衆は自動車（GM）を買う余裕がなくなっていた。その後はラジオ（RCA）、電球（GE）といった具合に、単価が高い商品を扱う企業の順番で業績が低迷し始め、最後はコーラまで売れなくなった。当時の株式市場がこうした変化を的確に織り込んでいる様子は興味深い（図6）

　発明家エジソンが創設したGEなどの優良株は随分と配当も出していたのですが、あまりにも相場環境が悪く、配当利回りが11％台に上昇したのに株価は上がりませんでした（図7）。

図7：パニック時には配当利回りが10%を超えても株価は上向かなかった

（出所）Forbes誌（1928年～1934年の各号）

　そんな恐慌下の株式市場にあって唯一、値上がりした業種は金鉱株でした。

図8：大恐慌期に唯一、株価が高騰した業種は金鉱株

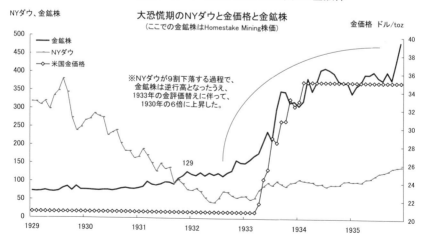

（出所）Forbes誌（1928年～1934年の各号）、アメリカ歴史統計

＜インフレ時は金鉱株に妙味あり…2021年6月22日号＞

　1920年代後半は自動車やラジオなど「ハイテク」製品が急速に普及した黄金時代で、関連株価は軒並み高騰していた。なかでもラジオ製造のRCA社は2年で株価が14倍になった中心銘柄だった。だがダウ平均株価に先行して天井打ちし、その後の3年間で9割安となっている。とはいえ、ラジオ普及の夢を買った20年代後半の株価は間違っていなかった。32年のラジオ出荷台数は29年より4割も減少したが、ラジオの保有世帯は8割も増加し、その後も増え続けたからだ。

　もう一点、平均株価がピーク比9割も暴落した大恐慌期において、唯一、上昇した業種である金鉱株の存在だ。モノよりカネの価値が高まるデフレの真っ只中にあって、市場は固定相場制だった金の値上がりを予見していたのである。実際、その予測は33年、ドルの金に対する交換レート切り下げとなって実現し、金鉱株はその後、5倍以上になった（図8）。

第 14 章

不換紙幣増発がもたらす歴史の教訓
…20年代のドイツ

前章では大恐慌時の相場について紹介しました。しかし次に起きるであろう恐慌は90年前とは真逆の形になると思います。すなわちデフレ恐慌ではなく、インフレ恐慌になるということです。そのことを理解するために、30年代恐慌時の金融状況と現在とを対比してみました（図1，図2）。

図1　1930年代は極度のカネ詰まりが元凶となったデフレ恐慌だった

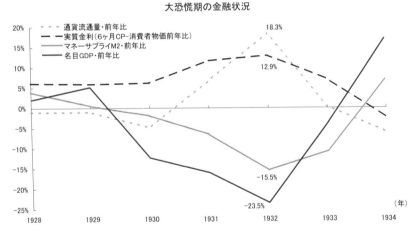

大恐慌期の金融状況

（出所）アメリカ歴史統計

図2 だが現在はカネが足りなければ印刷する時代なのでデフレにはなりにくい

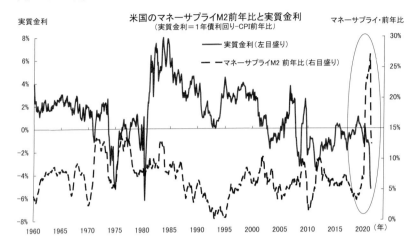

米国のマネーサプライM2前年比と実質金利
（実質金利＝1年債利回り-CPI前年比）

実質金利

マネーサプライ・前年比

—— 実質金利（左目盛り）
---- マネーサプライM2 前年比（右目盛り）

（出所）FRB、米労働省

＜次の金融危機はデフレではなく「インフレ」に…2021年9月28日号＞

　金融面からみたアメリカ大恐慌の特徴は、マネーサプライM2（現金通貨と預金の合計）が30年から4年連続で前年比マイナスになったことだ（図1）。このため33年の同残高は29年より3割も減少し、それに伴って名目GDP（国内総生産）も半減する事態となった。

　マネーの総量が減った原因は株価の暴落、銀行や大企業の倒産がスパイラル的に生じたからだ。恐慌の深化に伴って手元に現金を保有する人が増えたので、通貨流通量だけは増加した（図1）。またモノよりもカネの価値が増したので物価が急落、短期社債（CP）の実質金利は13％に跳ね上がった。これでは借金の返済は難しい。

　今日であれば、政府は債務超過の銀行を救済し、中央銀行は債券や株式の価格を買い支えるに違いない。実際、コロナ禍に直面した米国ではそうした政策が取られた結果、マネーサプライは劇的に増加し、実質金利も過去最低水準にある（図2）。

　だからこの後、深刻な金融危機が起きるとしたら、30年代のデフレ恐慌とは正反対の形になるだろう。90年前はモノ（を作る会社）よりカネが不足し

たので、株式が売られ債券が買われた。だが今度は貴金属や農産物といった商品相場が真っ先に高騰するはずだ。次は実物資産としての側面をもつ株式が買われるだろう。これに対し、債券は物価上昇で急落しよう。だが大多数の人の生活水準が低下することは30年代と同じだ。

次は極端な事例ですが、20年代ドイツのハイパーインフレ時の相場を見てみましょう（図3～図5）。

図3：最初は為替が売られ、次に物価が急騰、そして株価も上がった

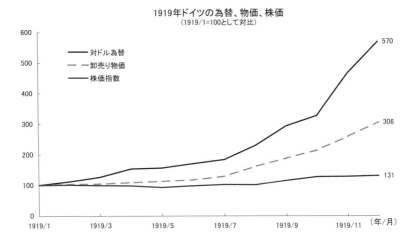

1919年ドイツの為替、物価、株価
（1919/1=100として対比）

（出所）「独逸のインフレーション」勝田貞次（景気研究所、1939年）

図4：賃金、株価、家賃はいずれも卸売り物価の上昇率に追いつかなかった

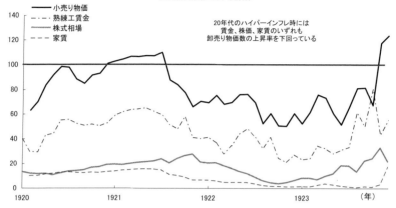

1920年代ドイツの各種価格
（卸売物価指数に対する割合）

小売り物価
熟練工賃金
株式相場
家賃

20年代のハイパーインフレ時には
賃金、株価、家賃のいずれも
卸売り物価指数の上昇率を下回っている

（出所）「独逸のインフレーション」勝田貞次（景気研究所、1939年）

ドイツ・ハイパーインフレの本質は自国通貨を濫発したことで引き起こされた対外通貨安でした。

図5：1922年、ダイムラー社のドル換算時価総額はベンツ327台分に低落

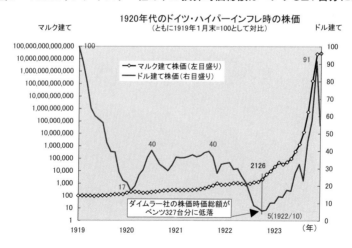

1920年代のドイツ・ハイパーインフレ時の株価
（ともに1919年1月末=100として対比）

マルク建て　　　　　　　　　　　　　　　　　　　　　　ドル建て

マルク建て株価（左目盛り）
ドル建て株価（右目盛り）

ダイムラー社の株価時価総額が
ベンツ327台分に低落

（出所）Marc Faber「Tomorrow's Gold」（CLSA 2002年）

＜不換紙幣増発がもたらす歴史の教訓…2020年5月12日号＞

　1930年代の大恐慌は通貨供給量に制約がある金本位制下で起きた。当時の経済・金融危機は金詰まり（デフレ）がもたらした反省から、今回の「コロナ恐慌」はFRBのマネー増刷で乗り切るつもりだ。だが節度を欠いた通貨濫発はインフレになるのが必然だ。

　第一次大戦後のドイツはその典型で、急激なマルク安で物価が急騰し、実物資産としての側面を持つ株価もつれ高となった（図4）。しかしドル建ての株価は暴落し、ダイムラー社の株価時価総額（ドル建て）は一時、ベンツ327台分まで落ち込む（図5）。この超インフレも23年末、金に裏打ちされた新マルクの登場で収束したが、現在の不換紙幣による財政・金融政策も同じ帰結をたどるのでないか。

　✐1971年、ニクソン大統領は金とドルのリンクを外し、ドルはいわゆる不換紙幣＝ペーパーマネーになりました。それでもドルの信用は失墜することなく、今日まで使われています。それは米国が世界一の経済力と軍事力を持っていることに加え、世界最大の貿易商品＝石油の決済通貨になっているからです（ペトロダラー体制：4章**図6**ご参照）。しかしアフガニスタンでの混乱をみると、世界の警察官としての信頼性に陰りが出ています。また中国がロシアとの間で人民元建ての石油取引を始めており、ペトロダラー体制も盤石ではありません。そうなるとドルの信認低下も有り得ます。

　ただ日本円や欧州通貨もコロナ禍の影響で米ドルと同じくらい通貨を増発しています。このため米ドルに対する価値はあまり変わらない代わりに、モノに対する価値は激変するように思います。これはすなわち、世界同時インフレということです。

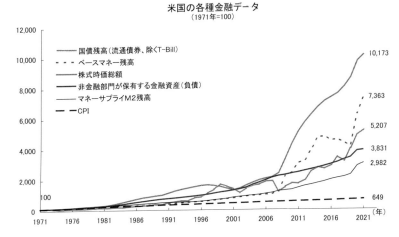

米国の各種金融データ
（1971年=100）

（出所）BIS（国際決済銀行）、FRB、BLS（米労働省）

＜インフレに苦しんだ元朝の教訓…2021年1月19日号＞

　世界的な通貨膨張策の帰結を考える上で、「文明の血液－貨幣からみた世界史」（湯浅赳男・新評論）に記載された中国・元朝の事例は興味深い。

　宋代で誕生した紙幣制度が普及したのは13世紀前半のオゴタイ汗の治世下だった。インフレで滅亡した前王朝の轍を踏まないよう、紙幣発行に上限を設け、銀との兌換も保証した。紙幣の作成コストは低く、政府の利得が大きかった反面、一旦インフレに陥ったら体制危機となる危険があったからだ。

　1260年に即位した後継のフビライ汗は、紙幣の使用を法制化し、納税も紙幣で行わせた。だが、その後は元寇などで戦費が嵩み、1274年からの13年間で通貨発行量は20倍に増加、銀との兌換も取り止めた。このためインフレが昂進し、旧紙幣の5分の1しか価値がない新紙幣を3度も発行。つまり元寇後の80年間に物価は125倍になったのだ。その後は紙幣の通用強制が出来なくなり、元朝自体も1368年に滅亡する。

　フビライ汗の故事から約700年後の1971年、米ドルも金の裏打ちから外れ、ペーパーマネーとなった（ニクソンショック）。そして、その後の50年間で国債残高は101倍、FRBの量的緩和マネー（ベースマネー）は74倍に上

昇した（図6）。後になるほど通貨価値を切り下げた元朝と同じで、今後はインフレ昂進の度合いが強まるのでないか。

第 15 章

腐っても金

金の時代が始まった

世界の債務残高が2・4京円を超える中、「金は誰の借金でもない」というフレーズが脚光を浴びる時代になりました。

図1：21世紀にもっとも値上がりした資産は金銀銅の順番

21世紀における主な資産の騰落率
（2001年1月末＝100）

凡例：
金
銀
銅
米国株（S&P 500 ）
石油（WTI）
日本株（TOPIX）

（出所）ブルームバーグ

＜外貨準備は米国債から金にシフト…2018年11月6日号＞

　21世紀以降、最も値上がりした資産は金である（図1）。米国株の上昇率が3・3倍なのに対し、金は6・7倍になった。金以外でも銅、石油といった資源関連資産が値上がり上位を占める。だが、これは中国など新興国の工業化に起因するものだ。少なくとも08年以降に関しては、金上昇の主因は新興国の公的金準備の積増しであり、その公的金準備量は1・8倍になった（5027トン→9259トン）。うち中国とロシアの二カ国で増加分の三分の二を占める

が、なかでもロシアの金準備増強は凄まじい。この10年間で1500トンも増加し、直近は約2000トン、時価に直すと約760億ドルである。そしてロシアはこの過程で米国債保有額を十分の一以下に激減させ、今は官民を合わせても90億ドルしか保有していない。つまりロシアは安全保障上、外貨準備資産をドルから金へとシフトさせたのである。ならば中国はどうなのか。まだ米国債を急減させるまでは至っていないが、対米貿易戦争がエスカレートするならば、そうした可能性も否定できない。

🖋 金本位制の昔に戻るなら、金価格はいまの10数倍になっても不思議はありません。それを示すのが下記のグラフです。

図2：いま金本位制を導入するなら金価格は最低でも8千^{ドル}になる

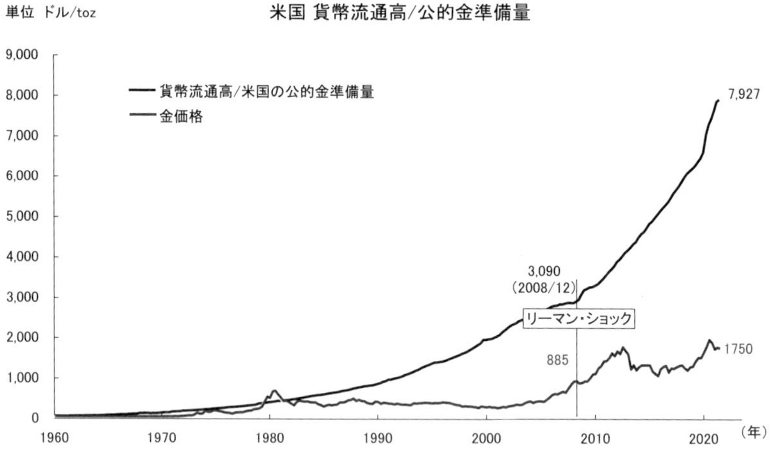

単位 ドル/toz　　　　　　　米国 貨幣流通高/公的金準備量

（出所）FRB、IMF

🖋 新約聖書・黙示録は、2000年前の叙述ですが、超インフレで通貨価値が失われるので、金現物を購入するよう勧める行があります。

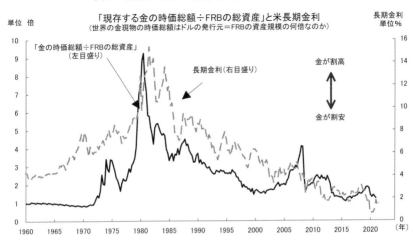

図3：現存する金の相対時価総額は金利と連動

「現存する金の時価総額÷FRBの総資産」と米長期金利
（世界の金現物の時価総額はドルの発行元＝FRBの資産規模の何倍なのか）

単位 倍

長期金利
単位%

「金の時価総額÷FRBの総資産」
（左目盛り）

長期金利（右目盛り）

金が割高

金が割安

（出所）USGS（米地質研究所）、FRB

＜金本位制なら金価格は10倍になる…２０２０年４月28日号＞

　「自分は金持ちだというお前は貧しく裸の者だ。そこでお前に勧める。豊かな者となるように、火で精錬された金をわたしから買うがよい」（新約聖書・黙示録3章17-18、一部改変）。末世的な内容で知られる黙示録の一節は、「金融資産の価値はインフレになるので永続出来ない。究極の安全資産は金現物」だと告げている。

　実際、戦争や恐慌等で債務者が返済不能になれば、債権者の資産も失われてきた。だがそんな試練の時でも、金融システムの埒外にある「火で精錬された金」（金現物）は安泰だった。疫病の蔓延で将来が不安視される中、金が人気を集めるのは当然だろう。

　こうした中、先進各国は思い切った財政・金融政策を実施し、景気の底割れ回避に努めている。なかでも米連邦準備制度理事会（FRB）は大胆な量的緩和政策を行い、2021年3月以降、市場に4兆ᵈ゙ルの資金を供給している。

　だが、そうなると今度は貨幣価値の維持が心配になる。戦前の金本位制下では金の保有量と通貨発行量がリンクしていた。いま米国で金本位制を復活させるなら、金価格は最低でも約8000ᵈ゙ル/tozとなる計算だ（図2）。つまり、

金価格は潜在的に4倍以上になる可能性を秘めている。金が急騰する場合は金利も上がることは、「金の時価総額÷FRBの総資産額」と長期金利の相関からも明らかだ（**図3**）。

金融市場と対比すると金の値上がり余地の大きさがわかります。

図4：金融市場全体に占める金や金鉱株のウエイトはまだ小さい

金現物時価/米国金融市場規模　　金と金鉱株、その金融市場におけるウエイト　　金鉱株時価総額/NYSE時価総額

（出所）FRB、USGS（米地質研究所）、ブルームバーグ

＜貴金属急騰は始まったばかり…２０２０年８月25日号　上＞

　筆者の試算では、いま世界にある金現物の時価総額は9・4兆㌦で、米金融市場（債務総額＋株式時価総額＝約95兆㌦）の1割にも満たない。前回、金が800㌦の高値をつけた80年はその割合が3割もあったことを思えば、金の上値余地は大きい（**図4**）。これは金鉱株も同じで、その時価総額は市場全体の0・7％とまだ過小だ。

筆者はコロナ禍後の世界は「世界的幕末」の様相を呈してくるとイメージしています。主要国がペーパーマネーを濫発する中、基軸通貨国＝米国の過剰な景気対策と性急な脱炭素化によるエネルギー不足で、インフレが頭をもたげています。しかし世界経済は1981年以降、40年も続いた低金利の持続を前提にしてきたのです。いま世界の債務総額は2・4京円にのぼりますが、これだと僅かな金利上昇でも致命的な打撃を受けてしまいます。

　債務の裏側は債権です。ですから債務者がデフォルトすると債権者も同じように痛手を被ります。ならば世界最大の債権国はどこでしょうか。そう考えると日本はやはり80年周期の呪縛、すなわち幕末や太平洋戦争並みの難局に差し掛かっているように思います。

　それでも日本は一つにまとまっているだけマシです。1860年代、いまのG7と言われる国が近代国家に生まれ変わりました。日本は幕末、米国は南北戦争、欧州は普仏戦争で、事実上の国家統一を果たしたのです。筆者はその反対に、2020年代は米国や欧州、中国、ロシアなどでは国家が一体感を保てなくなるように思います。

ドルを印刷すればするほど金（ゴールド）は値上がりします。

図5：金価格は米財政赤字と連動する傾向

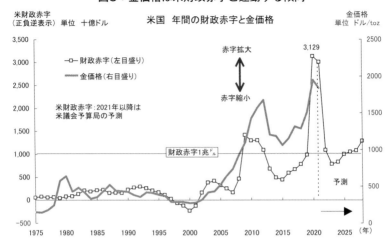

米財政赤字
（正負逆表示）単位 十億ドル

金価格
単位 ドル/toz

米国　年間の財政赤字と金価格

（出所）米議会予算局、米財務省

また歴代大統領の財政赤字増減額は興味深いカーブを描いています。

図6：トランプ時代の米財政収支はコロナ禍でひどく悪化

単位 十億ドル

米国　歴代大統領・任期中の財政収支増減額
（月次フローベース、12ヶ月移動平均、歳出・歳入、株価の後の括弧は年率増加率）

（出所）米財務省

150

＜米財政赤字に追随する金の上昇…2019年12月10日号＞

　歴代大統領の任期中に、財政収支はどのように推移したか（図6）。一目瞭然なのは、戦争や金融危機時には財政赤字が拡大することだ。例えばブッシュ（子）政権1期目では月次の収支は4年間で540億㌦も悪化したが、これは第二次湾岸戦争の影響だ。また2期目は金融危機に直面し、更に310億㌦も赤字が拡大した。それを後継のオバマ政権が8年かけて改善させたのだ。

　次のトランプ政権は思い切った減税で財政赤字を再び膨らませたが、決定的だったのは2020年3月からのコロナ禍だ。米議会予算局は、単年度の財政赤字が28年には1兆5000億㌦に達すると警告するが、財政赤字に追随する形で金が上昇する様は不気味だ（図5）

財政赤字の拡大＝ドルの増刷で上がるのは金だけではなく、モノ全般に波及していきます。

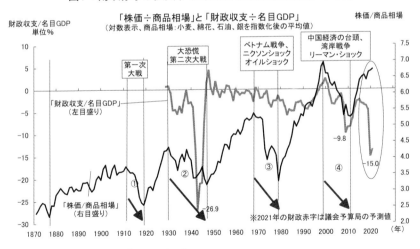

図7：財政赤字が拡大する時期は「実物資産優位」の時代

（出所）アメリカ歴史統計、ブルームバーグ

＜貴金属急騰は始まったばかり…2020年8月25日号　下＞

　米国の150年間に亘る株式と商品の相対価格をみると、グラフが下向き

だった「実物資産優位」の時代がある。株式より商品が選好された過去4回の10数年期は、戦争や恐慌、金融危機といった苦難に直面し、財政赤字が拡大した局面でもあった（図7）。平和な時代は民間主導の経済成長＝株高を見守っていれば良いが、動乱の時代は政府主導で有事に必要なカネや物資の需要が増すのである。

　だとしたら、未曾有の財政赤字拡大で始まった2020年代も、株式よりも商品（モノ）が求められる動乱の10年期となるだろう。

　希代の投資家、Wバフェット氏は昨年、カナダの金鉱株と日本の商社株を買いましたが、その真意はインフレヘッジということです。

図8：バフェット氏は資源価格との連動性に着目しカナダ㌦で金鉱株を買った

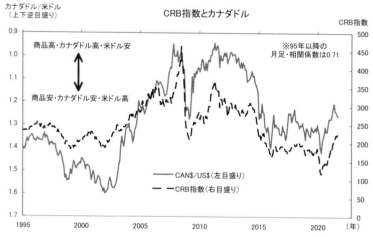

（出所）ブルームバーグ

＜インフレ到来に身構えるカナダ中銀…２０２１年５月25日号＞

　著名投資家のW・バフェット氏は、カナダの金鉱山会社バリック・ゴールドと日本の5大商社株を購入した。ここで注目は、バフェット氏は（カナダと米国に重複上場する）バリック社の株をわざわざトロント市場（カナダドル建て）で購入し、各種商品の持株会社的な日本の5大商社に対しては円で

投資した。つまりバフェット氏は、先行きのドル安と資源高（インフレ）を
読んでいる（図8）。

筆者は金や金鉱株が値上がりすると確信しています。しかし近い将来、
金現物は自由に売買できなくなる時が来るかもしれません、というのは、米
国では1934年〜74年、英国では1969年まで個人の金保有が禁じられた歴史
があるからです。日本でも戦時中は金地金を没収しています。また最近では
1998年、韓国で金融危機が起きた際に、個人が国家に金を「自発的に」売却
したと報じられています。

　金の裏打ちを欠いたペーパーマネーを濫発すると、インフレが起きるのは
自明の理です。1920年代ドイツのハイパーインフレは、金との交換が保証さ
れた新マルクの登場で終止符が打たれました。

　ですから今後、インフレが加速するなら、各国政府はかつてのように個人
の金保有を禁じ、金本位制を復活させるかもしれません。その時期は早けれ
ば2024年頃だと思います。ですから金地金の保有は23年末くらいまでにし
て、その後はWバフェットに倣って、米国上場の金鉱株、あるいは銀やプラ
チナ等に乗り換えるのが良いのではありませんか。

日本など先進国の公的金準備は1978年以降、増えていません。78年はいわゆるカーターショックがあった年で、米国、日本、ドイツの3カ国でドルの協調介入を行っています。おそらくこの時、先進国は公的金準備を増やしてはならない、という密約が交わされたのでしょう。ただ、それで割を食ったのは日本です。同じ敗戦国だったドイツやイタリアは78年時点ですでに金備蓄が3000㌧以上もあったのに対し、日本は戦前のピーク水準に劣る量しか保有していなかったからです。

そこで民間に金を保有してもらおうと、85年に天皇御在位60周年記念金貨を発行したのではないか、筆者はそう思うのです。発行当時、この金貨の時価は6万円相当でした。それを額面10万円で販売したので、一時は「ぼったくり」だとして随分、悪評が立っていました。それが今では時価13万円くらいに値上がりしています。

なんと言っても日本政府の発行した額面10万円の金貨です。金貨は純金で20gの金で出来ています。市場価格でも現在13万円程度です。金価格が上昇すれば金貨は自動的に値上がりします。また何時でも額面の10万円として使えますので、筆者は一番安全な資産だと思います。

図1：日本の公的金保有量は戦前より少ない

日本の公的金準備高

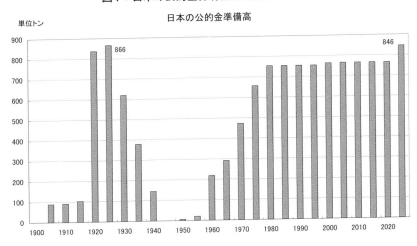

単位トン

866

846

(出所) WGC

図2：高齢化で金が国外流出する日本

日本 1978年以降の金「輸入ー輸出」の累積値と25-64歳人口数
（金貨を除く、2020年は2019年12月〜2020年11月までの暫定値）

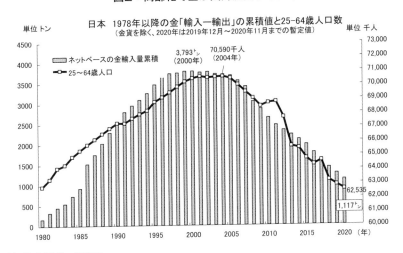

単位 トン

単位 千人

ネットベースの金輸入量累積

25〜64歳人口

3,793トン
（2000年）

70,590千人
（2004年）

62,535

1,117トン

(出所) 財務省、総務省

155

＜高齢化で金が国外流出する日本…2019年9月3日号＞

　日本の公的金準備量は第一次大戦を挟んで急増し、1925年には866トンに拡大した（図1）。だが、その後の恐慌と戦争で全てを失い、50年にはわずか6トンに減少した。それが戦後の経済復興で78年は746トンと、戦前のピークまであと一歩まで回復した。だが、その後は他の先進国と同様、金準備量は全く増加していない。

　代わりに増えたのは民間の金保有だ。きっかけは86年の天皇御在位60年記念金貨の発行である。この年、政府は600トンの金を輸入したが、その後も輸入超過の状況が続き、78年からの22年間で約3800トンの金が流入した。

　それが21世紀に入って状況が一変し、昨年末までの20年間にその7割相当量を失う。

　主因は25〜64歳人口の縮小だ。その総数と金の累積輸入量の相関に注目されたい（図2）。04年以降、購買力がある年齢層が806万人（11％）も減少したことから、国内では金の買い手が不足し海外に流出したのだ。

　80年1月につけた円建ての金最高値（1グラ＝6495円）は20年7月、40年ぶりに更新した。だが消費税抜きの金価格は80年1月当時とあまり変わらない。金相場はまだかなりの上値余地があると思われるだけに、輸出超過が続く現状は残念だ。

第 16 章

穀物相場急騰という悪夢

小麦の価格がこの50年間に物価調整後で実質3割も安くなった理由の一つは、世界的な気温上昇の影響で単収が増加したからです。いま2050年をめどに温室効果ガス排出量を実質ゼロにする取り決めがなされています。筆者はそうした性急な脱炭素化は世界経済に大打撃を与えるとみています。懸念の一つは農産物に与える影響です。それは天然ガス価格の上昇でアンモニアの生成コストが上昇し、その結果、アンモニア由来の肥料価格も上昇するからです。

でも何よりも怖いのは、脱炭素化で世界の気温が低下したら、農作物の収穫が減少し、80億人の人口を養うことは出来なくなることです。

図1：物価を加味した小麦の実質価格は50年前より3割も安い

米国の株式、商品、賃金の実質価格推移
（価格÷CPIで実質化、1970年＝100）

（出所）米労働省、ブルームバーグ

図2：小麦の単収はこの50年間で2・3倍に増加した

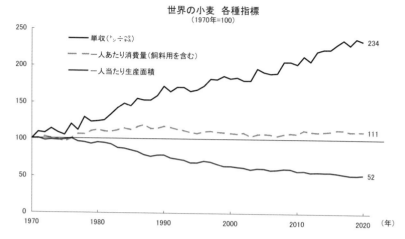

世界の小麦　各種指標
(1970年=100)

（出所）米農務省

＜過剰マネーが穀物に向かう時…2021年1月12日号＞

　1970年以降、米国の金や株式が実質6倍以上に高騰する一方で、賃金は9％しか上がらなかった。それでも大して問題にならなかったのは、小麦が実質35％も値下がりしたからだ（図1）。

　この間、世界の人口は約2倍になったが、小麦の生産高はそれ以上のペースで増加した。一人あたり生産面積が半減したのに生産が増えたのは単収が2・3倍になったことによる（図2）。これは農業技術の進歩や肥料の投入もあるが、それ以上に地球温暖化の「恩恵」が大きい。

　だが状況は変わりつつある。国連世界食糧計画（WFP）は2020年12月の国連総会で向こう数ヶ月間の食糧見通しを発表、21年は過去100年間で最悪の飢餓や食糧不安になると警告した。また食糧農業機関（FAO）が算出する世界食料価格指数は20年5月から12ヶ月連続で上昇し10年ぶりの高値となった。

　18世紀英国の経済学者グレゴリー・キングは、「穀物収穫高が平年より▲10％、▲20％、▲30％減少した場合、価格は前年より30％、80％、160％と幾何級数的に高騰する」と唱えた（キングの法則）。小麦が上昇中とはいえ、

51年前よりまだ4割も安く値上がり余地は大きい。各国中央銀行はそんな過剰流動性のリスクも考えているとは思えない。

図3：穀物の単収が飛躍的に増加したのは地球温暖化のお陰でもある

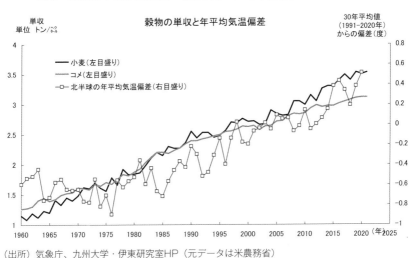

穀物の単収と年平均気温偏差

（出所）気象庁、九州大学・伊東研究室HP（元データは米農務省）

＜温暖化の見逃せない効能…2019年10月15日号＞

　農業生産の観点からすると、地球温暖化は必ずしも悪ではない。ローマクラブが1972年に出した報告書「成長の限界」は、「現在の農業生産能力では約70億人の人口を養うのが限界で、2000年にもその時期が来る」と記していた。だが、世界人口が77億人を突破した現在も特に問題が生じていない。この40年間で穀物の1㌶当たりの収穫量（単収）が倍増したからだ（図3）。これは農業技術などの発達もあるが、年平均気温偏差（長期平均気温との差）の上昇で単収が増加しているためだ。だとすると、一連の温暖化対策は農業生産を低下させる負の側面もあるのでないか。

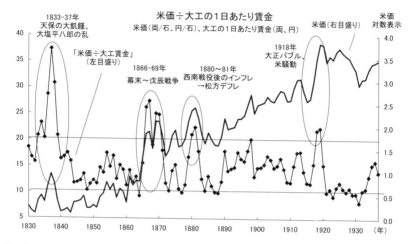

図4：日本でも凶作による米価高騰で騒乱が起きた歴史がある

米価÷大工の1日あたり賃金

米価（両/石、円/石）、大工の1日あたり賃金（両、円）

1833-37年
天保の大飢饉、
大塩平八郎の乱

「米価÷大工賃金」
（左目盛り）

1866-69年
幕末〜戊辰戦争

1880〜81年
西南戦役後のインフレ
→松方デフレ

1918年
大正バブル
米騒動

米価（右目盛り）

米価
対数表示

（出所）我國商品相場統計表（財団法人金融研究會）

図5：18世紀末の穀物相場凶作はフランス革命などをもたらし、金利も急騰

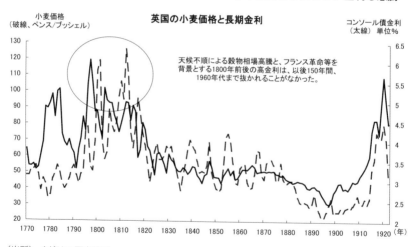

英国の小麦価格と長期金利

小麦価格
（破線、ペンス/ブッシェル）

コンソール債金利
（太線）単位％

天候不順による穀物相場高騰と、フランス革命等を
背景とする1800年前後の高金利は、以後150年間、
1960年代まで抜かれることがなかった。

（出所）イギリス歴史統計

160

＜主食が高騰すると動乱が起きた…2021年6月1日号＞

　我が国では長らく、米の商取引は石（こく）を単位にしてきた。成人は1日3合の米を消費するので、米1石（1000合）の値段は人々の年間主食費にほぼ等しい。そして江戸末期〜昭和初期の「米価÷大工の1日あたり賃金」をみると、庶民の年間主食費は概ね、労賃の10〜20日分で推移していた（図4）。

　注目は、その範囲を超えて米価が上昇すると歴史的な事件が起きていることだ。①1833年〜37年：天保の大飢饉と大塩平八郎の乱、②1866年〜69年：幕末・明治維新と戊辰戦争による混乱、③1880年〜81年：西南戦争後のインフレと、その後の松方デフレ（日銀を設立し紙幣流通量を適正化）による荒療治、④1918年〜19年：米騒動＝大正バブルやシベリア出兵等で米価が急騰し全国に暴動が波及したことがその事例で、衣食がなければ礼節も失われてしまうのだ。

　同じことは1800年前後の欧州でもあり、英テムズ川が氷結するなど寒冷化の影響で穀物相場が高騰、フランス革命など一連の動乱の要因となった。興味深いことに穀物価格と長期金利が連動しており、この頃の高金利は以後150年間も更新されなかった（図5）。

　最近の農産物高騰が今後、世界的規模の社会不安に至らないことを願うばかりだ。

食べるモノ
買っておいて
くださいね。

次はこうなる

グラフで読み解く相場の過去、現在、未来

２０２１年12月１日　第1刷発行
２０２２年６月20日　第3刷発行

著　者　　市岡繁男

発行所　　ＩＣＩ．アイシーアイ出版

　　　　　東京都豊島区千早３‐３４‐５

　　　　　TEL ＆FAX ０３‐３９７２‐８８８４

発売所　　星雲社（共同出版社・流通責任出版社）

　　　　　郵便番号１１２‐０００５　東京都文京区水道１丁目3‐30

　　　　　TEL ０３‐３８６８‐３２７５　FAX ０３‐３８６８‐６５８８

イラスト　セイカ

印　刷
製本所　　モリモト印刷

ISBN ９７８‐４‐４３４‐２９７６５‐６

定価はカバーに表示してあります。